Collection ICETE

Profane, religieux, sacré

Il n'y a pas un seul centimètre carré du domaine de l'existence humaine dont le Christ, qui est Souverain sur toutes choses, ne puisse dire : « C'est à moi ! »

Abraham Kuyper

Cet ouvrage vient à point nommé. Il faut aborder la question du clivage entre le profane et le sacré, le monde et l'église, la société et la foi. Ce schisme tragique fait partie de l'héritage des Lumières et de la modernité. La religion et la foi ont été reléguées dans la sphère privée et ont disparu de la vie publique. Les évangéliques pieux ont joué le jeu et, en fuyant le monde, ils ont même contribué à creuser le fossé entre la vie publique et la vie pieuse. La conférence triennale de l'ICETE 2018, qui s'est tenue à Panama, sur le thème « Le clivage entre le profane et le sacré et la formation théologique », m'a inspiré et je suis ravi que le fruit de cette conférence soit désormais documenté et accessible. Si l'on veut remédier au clivage entre le profane et le sacré, il faut commencer par la formation de la prochaine génération de responsables. Ce livre propose des pistes à suivre.

Bernhard Ott
Président du conseil d'administration
European Council for Theological Education
Professeur et directeur de thèses
European School of Culture and Theology, Campus Korntal
Columbia International University, Caroline du Sud, États-Unis

Ce livre fournit des fondements bibliques stimulants dans les premiers chapitres, suivis d'exemples pratiques encourageants, et conclut en proposant dans les derniers chapitres des pistes d'action intéressantes. Cet ensemble d'articles soigneusement rédigés à partir de diverses perspectives, accompagnés de questions de réflexion et de discussion à la fin de chaque chapitre, constitue la nouvelle et précieuse ressource de l'ICETE pour les enseignants théologiques et les responsables d'institutions théologiques du monde entier. L'ouvrage aborde les problèmes du clivage entre le religieux et le profane au sein des institutions théologiques et approfondit la réflexion sur les rôles stratégiques des établissements de formation théologique dans la réalisation de la vision biblique de Lausanne, qui consiste à apporter tout l'Évangile au monde entier, grâce à l'ensemble de la communauté ecclésiale.

Sutrisna Harjanto
Chef d'établissement
Bandung Theological Seminary, Indonésie

L'un des domaines qui imposerait un réel travail de contextualisation aux institutions théologiques dans le monde serait sans nul doute le regrettable clivage entre les vocations dites « religieuses » et celles dites « laïques » dans la communauté évangélique. La majorité des croyants évangéliques considèrent que leur appel ne saurait être divin et leur ministère sacré tant qu'ils ne travaillent pas dans l'église ou dans des contextes liés à l'église. S'ils se consacrent au ministère pastoral, à la prédication et à une certaine forme d'activité d'évangélisation, ils affirment qu'ils sont « appelés » et que leur travail est « spirituel ». Par contre, si quelqu'un travaille en dehors du contexte de l'église, son travail n'est pas considéré comme une vocation divine ou une activité spirituelle. Dans *Profane, religieux, sacré*, Brooking, Branch et Villanueva abordent cette question de front et présentent quatre appels à combler ce fossé, exprimés de différentes manières, autant de voix issues aussi bien du contexte ecclésial que du contexte dit profane. Ce livre offre une nouvelle perspective pour ceux qui aiment Dieu, quelle que soit la vocation dans laquelle ils ou elles s'engagent. Il leur permet de considérer leur travail quotidien comme un véritable appel de Dieu à participer à l'expansion de son royaume dans le monde entier. Une telle dichotomie anti-biblique entre la vocation laïque et la vocation religieuse doit être découragée. Ce livre affirme haut et fort que Dieu nous a appelés à être le sel et la lumière aussi bien au sein de l'église que dans le monde du travail. Je recommande vivement aux personnes impliquées dans l'enseignement théologique supérieur et dans la communauté évangélique d'entendre et de relayer ces voix claires et ces appels urgents à combler le fossé entre le profane et le religieux.

Frew Tamrat
Chef d'établissement
Evangelical Theological College, Addis Abéba, Éthiopie

Profane, religieux, sacré

Quatre appels à réduire le clivage

Sous la direction de
Stuart Brooking, Paul Branch et Federico G. Villanueva

Traduit de l'anglais par Joelle Giappesi

Directeurs de collection
Riad Kassis
Michael A. Ortiz

© International Council for Evangelical Theological Education, 2021.

Publié en 2021 par Langham Global Library
Une marque de Langham Publishing
www.langhampublishing.org

Les éditions Langham Publishing sont un ministère de Langham Partnership.

Langham Partnership
PO Box 296, Carlisle, Cumbria, CA3 9WZ, UK
www.langham.org

ISBN :
978-1-83973-487-8 Print
978-1-83973-540-0 ePub
978-1-83973-542-4 PDF

Les directeurs de l'ouvrage déclarent leur droit moral d'être reconnus comme étant les auteurs des parties écrites par les directeurs de l'ouvrage dans la présente œuvre, conformément aux sections 77 et 78 du « Copyright, Designs and Patents Act, 1988 ». Les contributeurs déclarent leur droit d'être reconnus comme les auteurs de leurs contributions, conformément au même acte.

Tous droits réservés. La reproduction, la transmission ou la saisie informatique du présent ouvrage, en totalité ou en partie, sous quelque forme ou par quelque procédé que ce soit, électronique, mécanique, photographique, est interdite sans l'autorisation préalable de l'éditeur ou de la Copyright Licensing Agency. Pour toute demande d'autorisation de réutilisation du contenu publié par Langham Publishing, veuillez écrire à publishing@langham.org.

Sauf indication contraire, les citations bibliques sont tirées de la Bible version Segond 21 Copyright © 2007 Société Biblique de Genève. Reproduit avec aimable autorisation. Tous droits réservés.

Traduit de l'anglais par Joelle Giappesi.

Titre d'origine : *Secular, Sacred, More Sacred: Four Calls to Bridge the Divide*, Carlisle, Langham Global Library, 2021.

Les citations qui figurent dans ce livre et sont tirées d'ouvrages en anglais ont toutes été traduites par la traductrice.

British Library Cataloguing in Publication Data
A catalogue record for this book is available from the British Library

ISBN : 978-1-83973-487-8

Composition et couverture : projectluz.com

Langham Partnership soutient activement le dialogue théologique et le droit pour un auteur de publier. Toutefois, elle ne partage pas nécessairement les opinions et avis avancés ni les travaux référencés dans cette publication et ne garantit pas son exactitude grammaticale et technique. Langham Partnership se dégage de toute responsabilité envers les personnes ou biens en ce qui concerne la lecture, l'utilisation ou l'interprétation du contenu publié.

Préface

Cet ouvrage a été rédigé et publié durant la pandémie de COVID-19. Cette réalité est omniprésente dans le monde entier. Les origines de ce livre sont antérieures à cette période de transition et, en tant que directeurs de l'ouvrage, nous avons cherché à tenir compte de ces deux contextes. Nous n'avons pas modifié les chapitres, mais le lecteur notera que dans notre introduction générale, nos introductions de sections, nos questions d'étude et notre postscriptum, nous avons cherché à prendre en compte le nouveau contexte et à permettre l'interprétation des écrits originaux dans cet environnement modifié.

Alors que vient de s'achever la rédaction de cet ouvrage, il est impossible de deviner à quel point la pandémie va perturber le monde, ou quelles nouvelles réalités vont s'imposer dans le domaine de la formation théologique. Nous espérons que les questions soulevées seront utiles aux institutions théologiques du monde entier, quel que soit le nouveau contexte politique, économique et ministériel auquel elles devront faire face.

Les chapitres de cet ouvrage sont le fruit de la conférence triennale 2018 de l'ICETE, qui s'est tenue en décembre de la même année à Panama City. Le thème de la conférence était « The Secular-Sacred Divide and Theological Education » (le clivage profane-sacré et la formation théologique), et il a attiré plusieurs centaines de participants venus du monde entier. La conférence a donné lieu à des sessions plénières stimulantes et à de nombreux colloques. Le présent ouvrage ne présente qu'une petite partie de ces activités.

Nous saluons le travail de ces chercheurs et leurs diverses perspectives issues des Écritures, de la théologie et de l'éducation, et nous espérons qu'il sera un stimulant dans l'élaboration d'une vision intégrée du monde de Dieu au sein des institutions théologiques. Leur objectif, tout comme le nôtre, est que l'Église et les chrétiens du monde entier soient encouragés à vivre sous la souveraineté de Jésus-Christ tout au long de leur vie.

Stuart Brooking, Sydney
Paul Branch, Guatemala
Federico Villanueva, Manille

Introduction

Apologie

À la fin de la conférence de l'ICETE 2018 au Panama, le Dr David Baer a présenté ses réflexions, assisté par un groupe d'écoute représentatif qui avait délibéré avec lui tout au long de la conférence. Sa présentation éloquente et perspicace a permis aux participants de réfléchir à de nombreuses questions. La question la plus importante qu'il a soulevée, pour la conférence elle-même et pour les directeurs de ce volume en particulier, est celle de l'importance du sujet lui-même. Le clivage sacré-profane est-il vraiment un problème pour l'Église ?

Pour certains participants à la conférence, le thème du clivage entre le sacré et le profane semblait être un sujet typique des années 1990, déjà abordé dans un certain nombre de livres et intégré dans l'enseignement des institutions théologiques et des responsables d'Églises. En tant que directeurs de l'ouvrage, nous avons réfléchi aux progrès importants réalisés au cours des dernières décennies en vue de réduire le fossé entre religieux et profane, mais aussi au chemin qu'il reste à parcourir à mesure que l'Église continue de se pencher sur cette question importante. Dans cette introduction, nous offrons un plaidoyer collectif pour que le sujet continue de figurer au programme de nos discussions chrétiennes, et qu'il ne soit pas rayé de la liste des problèmes rencontrés dans notre entreprise de formation théologique. Nous espérons ainsi démontrer la pertinence de cette nouvelle contribution qui aborde le défi du clivage sacré-profane sous un angle nouveau et à partir d'un éventail d'approches. Nous espérons que ce livre lancera un appel fort aux enseignants théologiques et à l'Église mondiale, afin qu'ils abordent ce sujet avec une attention renouvelée.

Notre apologie couvre les domaines de la réflexion théologique, de l'analyse sociétale et des observations relatives à la formation théologique actuelle, notamment dans les pays émergents.

Le docétisme

L'idée de la christologie selon laquelle le Christ est réellement divin et n'a de l'humain que l'apparence est présente dans de nombreux domaines de la vie chrétienne. Elle s'est avérée être une tentation durable dans différentes expressions de la foi chrétienne en christologie proprement dite, mais aussi dans d'autres parties de la théologie et dans la vie pratique. Elle étaye la tendance de certaines personnes à rechercher une voie supérieure et à dénigrer les activités matérielles de la plupart des gens. Ses voies néoplatoniciennes sont bien tracées, et il en résulte une dérive pieuse qui met tellement l'accent sur la pratique du sacré, dans quelque particularité que ce soit, qu'elle diabolise le profane comme étant impie.

Tout comme le docétisme christologique, la dichotomie sacré-profane dans le quotidien nuit à une appréciation juste de l'enseignement des Écritures qui valorise toute la création et met l'accent sur une nouvelle création, et non sur un futur à l'esprit désincarné.

Étant donné que l'Église a dû faire face à différentes formes de clivage entre le sacré et le profane pendant deux millénaires, une réflexion occasionnelle au sein de l'enseignement théologique est justifiée, pour s'assurer que le programme d'études formel et le programme implicite sont tous deux alignés sur la conception biblique de la fusion entre le sacré et le profane.

Matérialisme, laïcité et mondialisation

Si le matérialisme n'est pas nouveau en philosophie, son acceptation en Occident a fait un bond en avant depuis le siècle des Lumières. Pour beaucoup, il est de bon ton d'adopter cette mentalité. L'un des moteurs de cette hégémonie croissante est le processus de laïcisation qui a sapé un plus large engagement envers les réalités spirituelles, mais qui a également influencé le chemin de foi pour les fidèles. L'une des conséquences pratiques du laïcisme au sein de l'Église a été de compartimenter l'expérience de Dieu chez les gens, de sorte qu'il est devenu plus difficile d'appliquer une vie de foi en dehors des environnements spécifiquement chrétiens. Le clivage sacré-profane est l'une des manifestations de ce problème. Les partisans de cette critique cherchent donc à redonner une valeur spirituelle à l'ensemble de la vie et à encourager, dans tous les aspects de la vie, un engagement délibéré à vivre pour le Christ.

Sur le plan pratique, dans les années 1970 et 1980, au sein des Églises plus orientées vers la liturgie, on a tenté d'intégrer les laïcs dans l'œuvre du ministère. Ce mouvement a ensuite été en partie critiqué pour avoir à nouveau mis l'accent sur l'espace religieux comme étant l'espace le plus légitime pour l'ensemble du peuple de Dieu et pour avoir ainsi minimisé l'importance du ministère des laïcs sur leurs lieux de travail et dans la vie en général.

Ce matérialisme est une force croissante dans le monde. Ses origines dans la pensée et la culture occidentales ont des répercussions sur les pays émergents, qui tout à la fois sont influencés par l'Occident et empruntent des voies de développement similaires à celles de l'Occident. L'urbanisation, en particulier, rassemble dans de nouveaux lieux de vie et de travail des personnes qui seraient normalement séparées géographiquement. Ce brassage peut conduire à un réexamen conscient de l'engagement religieux qui existait auparavant, tandis que le changement des liens sociaux peut conduire à un éloignement progressif de la foi. Pour les chrétiens, cela peut signifier que la cohésion des expériences de foi antérieures perd son contexte social porteur, ce qui peut conduire à une réduction de leur intégration et donc introduire le clivage sacré-profane.

Prenons l'exemple des centres d'appel de Bangalore. De nombreux jeunes, maîtrisant l'anglais ou une autre langue européenne, travaillent ensemble. Les classes sociales, les religions sont mélangées, d'autant que jeunes gens et jeunes femmes travaillent ensemble et se rencontrent. Les jeunes chrétiens se retrouvent soudain à gagner bien plus que ce que gagnaient leurs parents. Ils possèdent des « gadgets » et des motos et travaillent à des heures inhabituelles. Ils connaissent le temps qu'il fait à Londres, à New York ou à Sydney, ce qui leur permet de s'identifier à leurs clients ! Nous avons discuté plus d'une fois avec des responsables chrétiens au sujet de ce phénomène. L'un des thèmes récurrents lors de ces conversations est l'incapacité des pasteurs responsables des jeunes à aider ces derniers à concilier leur nouvelle richesse (relative) et leur style de vie avec leur éducation chrétienne. Les croyances de leur famille d'origine et leur « identité du dimanche » n'ont rien à voir avec ce qu'ils vivent tout au long de la semaine. Ce n'est là qu'un exemple parmi d'autres de l'impact de la mondialisation sur l'expérience du clivage sacré-profane dans les pays émergents.

Le « décalage » des programmes d'études dans les pays émergents

Nous allons évoquer ici une raison supplémentaire pour expliquer la pertinence du thème de la conférence de 2018 de l'ICETE et des contributions proposées dans cet ouvrage.

Lorsque l'on assiste à des conférences telles que les triennales de l'ICETE, on imagine facilement la compétence des institutions théologiques éminentes dans les pays émergents. Les meilleurs orateurs sont là et donnent les meilleurs exemples. Nous nous réjouissons tous qu'il en soit ainsi. Ceux qui ont assisté à plusieurs triennales de l'ICETE pourraient attester de la compétence croissante de la formation théologique dans les pays émergents rien que par cette image, mais l'histoire ne s'arrête pas là.

Lorsque l'on examine l'éventail des institutions théologiques dans les pays émergents, il devient évident qu'il existe une grande disparité entre les différents aspects de l'éducation proposée. L'influence du programme d'études occidental s'estompe, mais le changement est inégal. L'une des explications de l'adage à la fois vrai et faux sur l'Afrique selon lequel « le christianisme est large d'un kilomètre et profond d'un centimètre » est que le programme d'études emprunté à l'Occident a dominé la formation théologique. Une critique similaire a été formulée aux Philippines, où l'expression « christianisme à deux vitesses » traduit la même idée.

Lorsque les réalités contextuelles sont ignorées et que les modèles hérités de l'ère des missionnaires étrangers constituent la norme, on assiste à une sorte de fracture entre le religieux et le profane. Bien sûr, cela sera quelque peu différent de la façon dont il s'exprime en Occident, mais il s'agit néanmoins d'un problème.

Nous nous réjouissons qu'il y ait tant d'encouragements, pour les institutions théologiques des pays émergents, à devenir plus pertinentes sur le plan contextuel. La triennale précédente de l'ICETE, en 2015, s'est concentrée sur le thème de l'étude du contexte en vue de modifier le cursus[1]. Néanmoins, il reste, pour les institutions locales, beaucoup de travail à faire, pays par pays, afin de faire avancer ce processus. Là où les anciennes formes de programmes d'études occidentaux persistent dans les pays émergents, elles sèment les graines de la séparation entre le religieux et le profane, au détriment des Églises locales.

Résumé

Pour toutes ces raisons et dans ce contexte – une vision de la vie influencée par le docétisme, l'influence du matérialisme et le retard pris dans la révision des programmes d'études des pays émergents – il est utile de réfléchir au clivage religieux-profane. Nous espérons que les idées des conférenciers de l'ICETE 2018, dont certaines sont reprises dans ce volume, pourront servir de guide pour la

---

1. S. M. BROOKING, sous dir., *Sommes-nous performants ? Étudier notre contexte pour améliorer nos programmes d'études : ressources pour institutions théologiques*, trad. Joelle Giappesi, Carlisle, Langham Global Library, 2018.

réflexion et de réponse dans les institutions théologiques de la communauté de l'ICETE et même sur un plan plus large.

Nous avons organisé les chapitres en quatre sections autour du thème « Appels ». Tous s'adressent d'une manière ou d'une autre aux institutions de formation théologiques. Chaque section a sa propre introduction qui souligne l'intérêt des chapitres, nous ne les préfigurerons donc pas ici.

- Section 1 : un appel à l'intégration.
- Section 2 : un appel à la vertu.
- Section 3 : un appel à l'Église.
- Section 4 : un appel de l'autre bord.

Chaque chapitre se termine par des questions de discussion avec des suggestions d'utilisation dans différents contextes. Nous estimons que certaines questions seront utilisées pour la réflexion personnelle des membres du corps enseignant et des responsables d'institutions théologiques. D'autres se prêtent davantage à la discussion en groupe et constitueraient une base idéale pour un développement professionnel continu de courte durée, par exemple lors des réunions hebdomadaires des professeurs ou dans le cadre d'une journée consacrée au développement professionnel.

Nous espérons que vous trouverez de la valeur à cette contribution sur le thème du clivage sacré-profane, qu'elle vous aidera, vous et votre institution, à progresser vers une intégration plus holistique de la foi pour vous-même et vos étudiants, et qu'elle les préparera pour leur ministère dans l'Église. Nous souhaitons ardemment que les responsables du peuple de Dieu soient équipés pour exercer leur ministère dans tous les aspects de la vie de leurs concitoyens, afin que le Christ soit tout en tous.

Section 1

Un appel à l'intégration

Nous débutons cet ouvrage par deux documents exégétiques appelant à l'intégration de la vie et au rejet du clivage sacré-profane.

Le professeur Chris Wright a fait une présentation lors de la séance plénière de l'ICETE 2018. Il a offert une étude érudite et une méditation du Psaume 86. Le psalmiste David écrit en un moment de grande crise personnelle et prie afin de parvenir à se confier entièrement en Dieu. Au cœur de sa requête, la nécessité d'avoir un cœur sans partage (v. 11).

Ce psaume n'est pas centré sur le clivage entre le religieux et le profane, mais plutôt, comme le souligne Wright, sur le désir de David de rechercher l'intégrité dans tous les domaines de la vie, ce qui va à l'encontre d'un tel clivage. Wright résume ce point de vue :

> Le psalmiste veut de l'intégrité dans sa façon de penser. Car nous avons si souvent, en effet, le cœur partagé. Nous sommes distraits. Nous avons des motivations contradictoires. Nous nous débattons avec les conflits d'intérêts. Nous nous engageons dans des relations compromettantes qui divisent nos loyautés. Et nous absorbons facilement cette vision du monde binaire du « clivage religieux-profane » et compartimentons nos vies en conséquence (voir p. 19).

Wright nous rend bien service avec cette méditation. Celle-ci sert de point d'ancrage à toute la démarche de ce livre, en confrontant le clivage sacré-profane à la recherche de Dieu. Dans sa prière, l'appel du roi David en faveur de son intégrité personnelle s'appuie sur le fondement solide des actions passées et du caractère de Dieu lui-même. C'est en soi un élément important pour entamer les discussions sur notre sujet.

Le chapitre de professeur Shirley Ho a été rédigé à partir d'un séminaire portant sur des aspects de la théologie du livre des Proverbes. La perspective de l'histoire du salut du Psaume 86 telle qu'exposée par Wright est bien équilibrée par les perspectives de sagesse des Proverbes.

À première vue, et selon certaines traditions du commentaire des Proverbes, le livre est une production séculière. Dans cette tradition, il est considéré comme faisant partie de la littérature de sagesse du Proche-Orient ancien, ce qui suggère qu'il n'a que peu de composantes de révélation. Le concept Action-Conséquence met en valeur le choix et l'action des individus, ce qui laisse peu de place à Dieu dans le livre. L'absence des éléments religieux ou cultuels de la foi suggère également que le livre est une construction séculière de la vie.

Face à une telle interprétation, Ho soutient avec d'autres qu'il y a un argument structurel et thématique solide à faire valoir pour l'interprétation du caractère sacré du livre. La compréhension du rôle de Dame Sagesse au chapitre 9 est le point culminant de cette argumentation et interprète à la fois ce monde et les réalités cosmiques à partir de cet angle.

Ho soutient qu'il n'y a pas de clivage entre le religieux et le profane, mais plutôt un clivage entre le religieux et le sacré. Cela correspond à la réalité vécue par l'ancien Israélite dont la compréhension de la vie et du cosmos est illustrée dans la structure du temple qui contient le lieu saint et le lieu très saint. Ho suggère que les termes décrivant le voyage dans le livre indiquent un mouvement du sacré vers le plus sacré, ce qui renforce le principe de base selon lequel il n'y a pas du tout de division entre le religieux et le profane dans le livre, mais un espace de vie harmonisé et sacré qui comporte des éléments encore plus sacrés.

Le séminaire de Ho sur les Proverbes était le premier d'une présentation en deux parties. Pour sa part, professeur Lily Chua s'appuie sur les catégories dérivées du travail de Ho et les applique à la formation théologique. La contribution de Chua, au chapitre 3, débute à la section 2 qui se penche directement sur les problèmes que pose le clivage sacré-profane pour la formation théologique.

1

Intégrer des vérités

Psaume 86

Chris Wright

Le Psaume 86 est un psaume très équilibré : il commence et se termine dans les problèmes ! Mais il trouve en son centre une forme certaine de cohésion. Il est également équilibré dans la manière dont il est structuré, selon un modèle de cercles concentriques. Il s'agit d'une forme d'arrangement en « chiasme étendu », dans lequel certains points clés de la première moitié du psaume mènent à un point central, puis se répètent dans l'ordre inverse dans la seconde moitié. Ce schéma ressemble à A-B-C-D-C-B-A. Il n'est pas rigide ou rigoureux, mais il n'en demeure pas moins visible (voir schéma à la page suivante).

L'application de ce psaume à notre thème du clivage entre le religieux et le profane deviendra évidente à mesure que nous avancerons dans le psaume. Il illustre la vision biblique de l'intégration et nous y invite. Dans ce cas, il intègre la vérité à la croyance et à la vie.

Commençons par les versets de début et de fin du psaume. Nous y trouvons une personne qui se débat avec ses problèmes.

Une personne en détresse (v. 1-7, 14-17)

Les premiers versets, 1 à 7, l'expliquent clairement. Voici quelqu'un qui est « malheureux et pauvre », qui réclame « la grâce », qui est « dans la détresse ».

Psaume 86

¹Éternel, prête l'oreille, exauce-moi,
car je suis malheureux et pauvre.
²Garde mon âme, car je suis fidèle !
Mon Dieu, sauve **ton serviteur** qui se confie en toi !

³**Fais-moi** grâce, Seigneur,
car je crie à toi tout le jour.

⁴Réjouis l'âme de ton **serviteur**, Seigneur,
car c'est vers toi que je me tourne.

⁵Oui, tu es bon, **Seigneur**, tu pardonnes,
tu es plein d'amour pour tous ceux qui font appel à toi.

⁶Éternel, prête l'oreille à ma prière,
sois attentif à mes **supplications** !
⁷Je fais appel à toi lorsque je suis dans la détresse,
car tu m'exauces.

⁸**Personne n'est comme toi** parmi les dieux, Seigneur,
et **rien** n'est comparable à **ta manière d'agir**.

⁹Toutes les nations que tu as faites
viendront se prosterner devant toi, Seigneur,
pour rendre gloire à ton nom,
¹⁰car tu es grand, tu accomplis des **merveilles**.

Toi seul, tu es Dieu.

¹¹Enseigne-moi tes voies, Éternel,
et je marcherai dans ta vérité.
Dispose mon cœur à craindre ton nom !
¹²Je te louerai de tout mon cœur, Seigneur, mon Dieu,
et j'honorerai toujours ton nom,
¹³car ta bonté envers moi est grande,
et tu délivres mon âme des profondeurs du séjour des morts.
¹⁴O Dieu, des arrogants s'attaquent à moi,
une bande d'hommes violents en veulent à ma vie ;
ils ne tiennent pas compte de toi.

¹⁵**Mais toi, Seigneur**, tu es un Dieu de grâce et de compassion,
lent à la colère, **riche en bonté** et en vérité ;

¹⁶tourne-toi vers moi et **fais-moi grâce**,
donne ta force à ton **serviteur**,
sauve le fils de ta servante!

¹⁷Accomplis un signe en ma faveur !
Que ceux qui me détestent le voient et soient honteux,
car tu me secours et tu me consoles, Éternel !

De même, les derniers versets 14 à 17 ramènent tout à cet ordre-là. Le psalmiste est menacé par des « arrogants » et des « hommes violents ». Il se sent en réel danger. Il a besoin que Dieu intervienne et le sauve. Il implore à nouveau la grâce et demande à Dieu de l'aider et de le réconforter. C'est la réalité qui se trouve sur le bord extérieur du psaume, au début et à la fin : le cercle extérieur. Comme le traduit la Bible Segond 21 :

> Éternel, prête l'oreille, exauce-moi,
> car je suis malheureux et pauvre.
>
> Garde mon âme, car je suis fidèle !
> Mon Dieu, sauve ton serviteur qui se confie en toi !
>
> Fais-moi grâce, Seigneur,
> car je crie à toi tout le jour.
>
> Réjouis l'âme de ton serviteur, Seigneur,
> car c'est vers toi que je me tourne.
>
> Oui, tu es bon, Seigneur, tu pardonnes,
> tu es plein d'amour pour tous ceux qui font appel à toi.
>
> Éternel, prête l'oreille à ma prière,
> sois attentif à mes supplications !
>
> Je fais appel à toi lorsque je suis dans la détresse,
> car tu m'exauces.
>
> [...]
>
> Ô Dieu, des arrogants s'attaquent à moi,
> une bande d'hommes violents en veulent à ma vie ;
> ils ne tiennent pas compte de toi.
>
> Mais toi, Seigneur, tu es un Dieu de grâce et de compassion,
> lent à la colère, riche en bonté et en vérité ;
>
> tourne-toi vers moi et fais-moi grâce,
> donne ta force à ton serviteur,
> sauve le fils de ta servante !
>
> Accomplis un signe en ma faveur !
> Que ceux qui me détestent le voient et soient honteux,
> car tu me secours et tu me consoles, Éternel !

Voici donc quelqu'un qui subit un stress important. Il se sent vulnérable, en danger et très faible. Il a un besoin urgent de l'aide de Dieu. Et c'est certainement la réalité de nombreux membres du peuple du Seigneur dans le monde d'aujourd'hui. Nous comprenons sans doute ce dont parle le psalmiste de par nos expériences personnelles. Tout comme nous savons ce que vivent les croyants dans de nombreux pays, victimes de persécution, de discrimination, de menaces et même de martyre. Beaucoup d'entre nous dans la famille de l'ICETE viennent de telles régions et se demandent comment continuer à être fidèles à notre Seigneur et à notre appel dans de telles circonstances. Ces paroles du psalmiste résonnent dans nos cœurs.

Le psalmiste déverse ici ses problèmes au beau milieu de son acte d'adoration (une chose bonne et saine à faire). Il est clair que cela ne *résout* pas instantanément les problèmes, puisqu'ils sont toujours là à la fin du psaume. Mais il fait contrepoids aux problèmes évoqués en début et fin du psaume grâce à deux perspectives très puissantes. Il les place à proximité du début et de la fin du psaume – à savoir, juste à l'intérieur de ce cercle de problèmes. Il utilise des mots et des expressions semblables pour nous donner ces deux cercles intérieurs. Et ainsi nous passons à…

Deux perspectives auxquelles le psalmiste peut se fier

Le psalmiste en relation avec Dieu : il est le serviteur de Dieu (v. 2-4, 16)

Il le mentionne juste après le début et y revient juste avant la fin. Lisez les versets 2 à 4 et 16 :

> ²Garde mon âme, car je suis fidèle !
> Mon Dieu, sauve *ton serviteur* qui se confie en toi !
>
> ³Fais-moi grâce, Seigneur,
> car je crie à toi tout le jour.
>
> ⁴Réjouis l'âme de *ton serviteur*, Seigneur,
> car c'est vers toi que je me tourne.
> […]
>
> ¹⁶tourne-toi vers moi et fais-moi grâce,
> donne ta force à *ton serviteur*,
> sauve le fils de ta servante !

Le psalmiste dit, en somme : « La personne qui crie vers toi, Seigneur, n'est pas n'importe qui. Je suis ton serviteur, le fils de ta servante. » Il dit : « Seigneur, toute ma famille et moi sommes des serviteurs de Dieu, fidèles, loyaux et engagés. Je t'ai servi toute ma vie, tout comme ma mère ! »

Je ne pense pas qu'il s'agisse là d'une revendication arrogante d'un quelconque *droit*. Il s'agit plutôt d'un appel basé sur le constat d'une *relation*. Un maître humain aurait conscience de sa responsabilité envers l'un de ses serviteurs, il prendrait soin de ce dernier et le protégerait ; après tout, il en va de son propre intérêt financier ! Combien plus encore le Dieu de l'alliance d'Israël devrait-il prendre soin de *ses* serviteurs ? Si j'ai été fidèle au Seigneur, je peux certainement faire confiance à Dieu pour qu'il tienne sa promesse et me soit fidèle. Ainsi, à deux reprises, le psalmiste défie presque Dieu d'être fidèle à sa parole : « sauve ton serviteur qui se confie en toi » (v. 2) et « c'est vers toi que je me tourne » (v. 4). En d'autres termes : « Seigneur, je te *fais confiance* pour t'occuper de moi en tant que ton fidèle serviteur, je te fais confiance pour accomplir ce que cette relation exige. »

Il s'agit donc d'un appel à la relation d'alliance à un niveau personnel. Le Dieu qui a fait de grandes promesses à son peuple Israël dans son ensemble doit certainement tenir ces promesses à cet Israélite dans la détresse. Il place donc cette perspective à proximité de la limite extérieure de son psaume. Il se souvient de qui *il* est, un serviteur du Dieu vivant qui ne se montrera pas indigne de confiance ou impuissant. Il a confiance dans cette relation avec Dieu, son Seigneur d'alliance.

Dieu en relation avec son peuple (v. 5, 15)

À deux reprises, le psalmiste commence le verset par un « Tu es..., toi, Seigneur,... » très emphatique (v. 5 et 15), créant ainsi un autre cercle intérieur, se rapprochant du centre :

> ⁵*Oui, tu* es bon, *Seigneur*, tu pardonnes,
> *tu* es plein d'amour pour tous ceux qui font appel à toi.
> [...]
>
> ¹⁵Mais *toi*, *Seigneur*, tu es un Dieu de grâce et de compassion,
> lent à la colère, riche en bonté et en vérité.

Il se décrit comme étant le serviteur de Dieu. Mais il se rend compte que ce qui compte vraiment, ce n'est pas qui *il* est, mais qui *Dieu* est, par son caractère et sa nature. C'est donc dans cette direction qu'il se tourne – à deux reprises.

Voici ce que le psalmiste dit de Dieu :

- Tu pardonnes ;
- Tu es bon ;
- Tu es plein d'amour (à deux reprises) ;
- Tu es un Dieu de grâce ;
- Un Dieu de compassion ;
- Lent à la colère ;
- Riche en bonté et en vérité.

Ne pensez-vous pas que le psalmiste se sent déjà mieux ? Quoi qu'il puisse dire ou affirmer sur lui-même, voici ce qu'il sait de Dieu : « *Toi*, Seigneur, tu seras toujours fidèle à toi-même. »

L'*Anglican Book of Common Prayer* contient une magnifique prière ancienne de Thomas Cranmer qui remonte à 1548. On la prononce juste avant de s'asseoir à la table du Seigneur pour la Sainte Communion. Dans sa version contemporaine, nous la disons ainsi : « Seigneur miséricordieux, nous n'avons pas la prétention de venir à cette table en nous fondant sur notre propre vertu, mais sur tes multiples et grandes miséricordes. *Nous* ne sommes pas même dignes de ramasser les miettes de ta table. Mais *tu es* le même Seigneur dont la nature est d'abonder toujours en miséricorde. »

Telle est exactement la perspective du Psaume 86. Le psalmiste connaît le Dieu qu'il prie, et il se remémore toutes les choses que Dieu déclare sur lui-même dans les Écritures. Ses paroles font clairement écho à la manière dont Dieu s'identifie lui-même dans Exode 34.6-8. Cela renforce encore la conviction exprimée dans sa prière. On peut faire confiance à Dieu parce que c'est le Dieu qu'il est. C'est le Dieu de l'alliance qu'Israël connaît, tant par sa propre révélation que par ses actes en sa faveur.

Ainsi, notre psalmiste a placé ses problèmes aux extrémités du psaume – au début et à la fin. Et au cœur, il a placé ces deux perspectives : ce qu'il est lui-même en tant que serviteur de Dieu, et ce que Dieu est en tant que Yahvé, Dieu aimant, bon et fidèle, le Dieu de l'alliance avec Israël. Avec ces deux perspectives en place, il en vient maintenant à la vérité centrale, le centre d'intégration de tout le psaume, dans les versets 8-10.

Trois vérités centrales à propos de Dieu (v. 8-10)

Ces versets sont clairement centraux, précédés de sept versets et suivis de sept autres. Et une fois de plus, notre psalmiste a soigneusement disposé ce qu'il veut dire de Dieu selon un schéma concentrique qui conduit notre esprit au cœur même du psaume, au verset 9. C'est le centre d'intégration qui lie l'ensemble du psaume autour de ses vérités fondamentales. Nous commençons par la première et la dernière ligne.

L'unicité de Dieu (v. 8, 10)

>[8] *Personne n'est comme toi* parmi les dieux, Seigneur
>[...]
>[10] *Toi seul*, tu es Dieu.

Il s'agit là, bien sûr, de la grande affirmation de ce que nous appelons le monothéisme de l'Ancien Testament. Israël était entouré de nations ayant beaucoup d'autres dieux. Et ce psalmiste est entouré de gens qui n'ont aucune considération pour le seul vrai Dieu vivant d'Israël (v. 14). Cela pourrait bien être le cas pour beaucoup d'entre nous aussi. Comme le psalmiste, nous vivons dans un monde qui court après de nombreux autres dieux et idoles – qu'il s'agisse des dieux attitrés des autres religions ou des idolâtries plus subtiles de nos cultures (dieux de l'argent, de la cupidité, du consumérisme, de la sécurité, du militarisme, de la gratification sexuelle, du narcissisme de l'épanouissement personnel, etc.). Le clivage sacré-profane est en soi le résultat d'une sorte d'idolâtrie de la laïcité qui pousse Dieu et la foi en Dieu hors de la sphère publique vers le domaine de la croyance et de l'opinion privées. Et ces dieux environnants et ceux qui leur sont dévoués peuvent être hostiles, intolérants et tentants, exerçant une forte pression sur les chrétiens pour qu'ils acceptent leur vision du monde dichotomique et s'y conforment, et qu'ils se retirent dans leur propre petit royaume « sacré ».

Mais, pour ce psalmiste, le point d'ancrage de son âme, le fondement de sa foi, le rocher auquel il s'accroche au sein de ses difficultés réside dans la connaissance du Dieu vivant et vrai. Il connaît le seul Dieu qui existe et il sait qu'il est dans une relation juste avec ce Dieu unique et universel, qui n'a pas son pareil.

Telle était sa confession de foi en tant qu'Israélite de l'Ancien Testament. Combien plus avons-nous besoin de jeter notre propre ancre dans l'assurance de l'unicité et de l'universalité de notre Seigneur et Sauveur Jésus-Christ – qui n'a pas son pareil.

Mais le psalmiste en sait plus sur le sujet. Ce Dieu unique a un palmarès unique.

Les merveilles accomplies par Dieu (v. 8, 10)

> Personne n'est comme toi parmi les dieux, Seigneur,
> et *rien* n'est comparable à ta manière d'agir. […]
>
> car tu es grand, tu accomplis des *merveilles*.
> Toi seul, tu es Dieu.

Non seulement le psalmiste sait qui est l'Éternel Dieu d'Israël, mais il sait aussi ce que Dieu a *fait*. Les « merveilles accomplies » par Dieu font référence, bien sûr, au grand récit épique des victoires passées de Dieu, et en particulier à l'Exode et au don de la terre. C'est ce récit qui a façonné l'identité, la foi et la mission d'Israël.

Le psalmiste a ses problèmes actuels, mais Dieu a ses triomphes passés. Il peut donc mettre toute sa connaissance de *ce que Dieu a fait* dans le passé au service de *ce qu'il a besoin que Dieu fasse* dans le présent. Il connaît l'histoire dans laquelle il se trouve. Et c'est l'histoire du Dieu des actes puissants de salut et de délivrance, le Dieu des promesses passées glorieusement accomplies, le Dieu qui accompagne l'histoire de son propre peuple, Israël. Cette histoire-là est un puissant encouragement pour sa foi.

C'est l'une des raisons (parmi bien d'autres) pour lesquelles il est si important que le peuple de Dieu connaisse l'histoire de la Bible : le grand récit global des puissants actes de salut que Dieu a accomplis. Pour les Israélites, bien sûr, cela les ramenait à l'Exode, tandis que pour nous, cela nous ramène à la croix et à la résurrection de notre Seigneur Jésus-Christ. Notre Dieu est notre Rédempteur. Quel Dieu puissant nous avons !

Cependant, le fait de connaître son histoire ne signifie pas que le psalmiste vit dans le passé. Car il sait où cette histoire mène, et cela l'amène à son point le plus central. Ce Dieu, unique en tant que seul Dieu vivant, incomparable dans le récit de ses actes passés, a aussi un plan et un but pour l'avenir. L'histoire de Dieu n'est rien de moins que la mission de Dieu.

La mission future de Dieu (v. 9)

Ici, au centre même (huit versets avant et huit après), au cœur du psaume, nous avons une affirmation étonnante sur l'avenir du monde, le but de toute l'histoire humaine :

> Toutes les nations que tu as faites
> viendront se prosterner devant toi, Seigneur,
> pour rendre gloire à ton nom.

Si notre psalmiste a appris le caractère de Dieu dans l'Exode, il connaît la mission de Dieu par la Genèse. En effet, il s'agit d'un écho de la promesse faite par Dieu à Abraham que, par lui et ses descendants, toutes les nations de la terre entreraient dans le domaine de la bénédiction de Dieu (Gn 12.1-3) – un concept riche et expansif aux dimensions multiples.

Et lorsqu'ils recevront la bénédiction d'Abraham, ils viendront adorer le Dieu d'Abraham. Tel est le grand avenir que l'Ancien Testament indique. Il est repris dans de nombreux autres endroits, trop nombreux pour être abordés ici (si vous souhaiter parcourir certains de ces textes, voir 1 Rm 8.41-43 ; Ps 22, 27 ; 67 ; 87 ; Es 19.19-25 ; 45.22-24 ; 52.10 ; Am 9.11-12 ; Za 2.11).

Ainsi, au cœur de ses propres difficultés et souffrances actuelles, le psalmiste affirme que l'avenir est tout aussi plein d'espoir que le passé est plein de promesses. Car Dieu est le Dieu de la promesse et donc de l'espérance. C'est la mission de Dieu pour l'avenir ultime de toutes les nations de la terre, et c'est ainsi qu'un Israélite (ou un chrétien) qui lutte peut avoir la foi, même au plus fort d'un présent très difficile.

Ces ennemis (qui sont toujours là, v. 14) vont soit reconnaître et adorer le Dieu d'Israël, soit subir le jugement de Dieu s'ils le refusent. Dans un cas comme dans l'autre, le psalmiste peut laisser à Dieu le soin de s'occuper d'eux, dans le salut ou le jugement. L'avenir est sûr parce que l'avenir appartient à Dieu et au royaume de Dieu. Et nous faisons écho à cette confiance lorsque nous chantons avec Paul (qui faisait écho à Es 45.23-24) : « Afin qu'au nom de Jésus chacun plie le genou dans le ciel, sur la terre et sous la terre et que toute langue reconnaisse que Jésus-Christ est le Seigneur, à la gloire de Dieu le Père » (Ph 2.10-11).

Que fait donc notre psalmiste dans ces versets centraux ?

Il affirme les grandes vérités centrales de la foi de son peuple tout entier, afin de soutenir sa propre foi qui vacille au sein de ses difficultés, de ses ennuis et de ses souffrances. Il s'encourage lui-même.

Mais pas seulement au moyen de mantras superficiels, pas en renforçant son amour-propre ou son image de soi, pas avec des clichés sur la pensée positive ou en se réfugiant dans sa zone de confort. Non. Il se place fermement dans le vaste cadre du grand récit biblique. Il s'imprègne du récit des actes historiques de Dieu dans le passé (v. 8 et 10) et de la mission permanente de Dieu en vue de l'avenir ultime (v. 9), et il récite les vérités rassurantes du caractère révélé de Dieu (v. 5 et 15).

Voici quelqu'un dont nous pouvons et devons suivre l'exemple. Au plus fort de ses difficultés et de ses besoins, il se tourne vers Dieu – mais pas avec une émotion vaine. C'est le Dieu dont il sait qu'il est le seul Dieu qui existe, le Dieu qui a agi puissamment dans le passé pour sauver et racheter son peuple, le Dieu qui sera un jour reconnu et adoré par toute l'humanité à travers toute la création.

Psaume 86.8-10 est un résumé qui synthétise merveilleusement la foi biblique fondamentale, que nous pouvons confirmer grâce à la révélation encore plus complète de Dieu que nous recevons en connaissant notre Seigneur Jésus-Christ.

Mais notre psalmiste n'a pas tout à fait terminé. Nous pouvons voir qu'il fait encore face à des problèmes – là, dans le cercle extérieur du psaume. Et nous pouvons voir qu'il a encouragé sa propre foi en affirmant les grandes vérités de la foi d'Israël – là, au centre même du psaume. Mais que prie-t-il pour lui-même à la lumière de tout cela ? Le verset 11 nous le dit.

Deux principales requêtes pour lui-même (v. 11)

Le psalmiste demande deux choses à Dieu.

Rester instruit par Dieu (v. 11a)

Enseigne-moi tes voies, Éternel,
et je marcherai dans ta vérité.

Le psaume est attribué à David – roi, dirigeant, un homme à la vie bien remplie, un homme censé enseigner aux autres. Pourtant, il prie : « Enseigne-moi tes voies, Éternel. » Il veut continuer à marcher dans l'humilité, la vérité et l'intégrité. Il a donc besoin de rester instruit par Dieu.

Le psalmiste veut de l'intégrité dans sa façon de vivre : être gouverné par la véracité de Dieu lui-même – même au cœur de ses difficultés. En effet, les problèmes, la pression et les crises peuvent facilement altérer notre sens du bien et du mal. Ils peuvent nous inciter à justifier des plans et des actions que nous aurions normalement évités, des manières malhonnêtes ou mensongères, simplement pour sauver notre vie (ou celle de notre institution). Mais le psalmiste dit : « Non merci. Je veux continuer à être enseigné et dirigé par Dieu. Je veux marcher dans sa vérité. Je veux maintenir mon intégrité, même sous la pression et la menace. »

Ceux d'entre nous qui enseignent les autres doivent rester instruits par Dieu.

Rester concentré (v. 11b)

Dispose mon cœur à craindre ton nom !

L'hébreu littéral dit « unis mon cœur ». Donne-moi un engagement sans faille. Ne me laisse pas être partagé entre le bon et le mauvais côté.

Le psalmiste veut de l'intégrité dans sa façon de penser. Car nous avons si souvent, en effet, le cœur partagé. Nous sommes distraits. Nous avons des motivations contradictoires. Nous nous débattons avec des conflits d'intérêts. Nous nous engageons dans des relations compromettantes qui divisent nos loyautés. Et nous absorbons facilement cette vision du monde binaire du « clivage religieux-profane » et compartimentons nos vies en conséquence.

Combien avons-nous besoin de *cœurs unis* – pas seulement l'unité entre nous, mais l'unité au cœur de notre propre monde de vision, de désirs, d'intentions et d'objectifs. Cela doit constituer une grande part de ce que signifie « aimer le Seigneur ton Dieu de tout ton cœur, de toute ton âme et de toute ta force » (Dt 6.4-5). S'il n'y a qu'un seul et unique Dieu, alors je dois l'aimer et le servir avec le seul et unique moi.

Et le psalmiste est convaincu que ce n'est que si Dieu répond à ses deux requêtes du verset 11 qu'il sera en mesure de faire ce qu'il souhaite le plus au verset 12 :

> Je te louerai de tout mon cœur, Seigneur, mon Dieu,
> et j'honorerai toujours ton nom.

Conclusion

Je n'ai pas les moyens de savoir ce que les versets 1 et 14 peuvent signifier pour chacun d'entre nous, ou pour ceux que nous servons au sein de la famille de l'ICETE dans le monde. Mais, quelles que soient les circonstances spécifiques que ces cris du cœur suscitent en nous, il est certainement temps de réclamer les grandes vérités des versets 8 à 10 et des versets 5 et 15, et de formuler les requêtes essentielles du verset 11.

Il se peut que nous devions encore retourner aux versets d'introduction et de conclusion du psaume et reconnaître les problèmes et les épreuves auxquels nous sommes confrontés. Mais nous le faisons en étant fortifiés par les liens intégrants de notre foi biblique fondamentale : connaître le Dieu que nous servons, connaître l'histoire dans laquelle nous nous trouvons et connaître l'avenir garanti qui nous attend. Avec une telle foi, nous pouvons en effet demander et attendre du Seigneur qu'il nous donne « un signe de sa faveur », ainsi que son aide et son réconfort (v. 17).

Questions pour la réflexion personnelle et la discussion en groupe

1. En réfléchissant à votre vie et à votre ministère, de quelle manière pouvez-vous vous identifier au stress et à la vulnérabilité que ressent le psalmiste, et au besoin pressant qu'il exprime de recevoir l'aide de Dieu ?

2. Que signifient pour vous les perspectives que le psalmiste confesse à propos de lui-même par rapport à Dieu et de Dieu par rapport à son peuple (v. 2-4, 16) lorsque vous réfléchissez à vos propres difficultés et besoins, et à ceux de votre institution théologique ?

3. Faites une pause et priez pour vous-même, vos collègues, vos étudiants et votre institution, en adaptant les paroles du psalmiste à votre situation.

4. Réfléchissez aux trois vérités centrales que le psalmiste confesse aux versets 8 à 10 concernant le caractère unique de Dieu, ses réalisations passées et sa mission future. De quelle manière vous aident-elles à comprendre l'importance de votre enseignement, à aider vos étudiants dans leurs relations avec un monde qui est souvent façonné par des forces idolâtres et opposées au peuple et aux desseins de Dieu ? Comment pouvez-vous fortifier vos étudiants grâce à ces idées ?

5. En réfléchissant aux prières du psalmiste au verset 11 demandant de rester capable d'apprendre et concentré, uni d'esprit et de cœur, pouvez-vous penser à une façon dont vous avez été distrait ou partagé dans votre amour et votre service au Seigneur ? Si tel est le cas, vous pouvez saisir cette occasion pour prier et demander un cœur sans partage, en utilisant la prière du psalmiste au verset 11 ou des mots similaires.

2

Perspectives du livre des Proverbes sur le clivage entre le sacré et le profane

Shirley S. Ho

Ce chapitre se base sur le livre des Proverbes en tant que ressource pour notre réflexion collective sur le clivage sacré-profane. Il examine la manière dont les spécialistes du livre des Proverbes ont défendu l'idée que le livre des Proverbes possède des connotations non religieuses. Par la suite, au chapitre 3, Lily Chua présentera trois idées ou cadres théoriques tirés du livre des Proverbes qui peuvent être utiles pour poursuivre la réflexion sur le thème du clivage sacré-profane.

Le caractère profane du livre des Proverbes

James A. Baldwin, romancier américain noir et activiste social, a fait la déclaration suivante sur l'importance des définitions : « La puissance du monde blanc est menacée chaque fois qu'un Noir refuse d'accepter les définitions imposées par le monde blanc[1]. » Par conséquent, dans cette première section, l'objectif est de parvenir à une compréhension commune et à un terrain d'entente sur ce qui est « profane » et ce qui est « sacré ».

---

1. James A. Baldwin, *La prochaine fois, le feu*, Paris, Gallimard, 2018, p. 34.

En effet, qu'est-ce qui est sacré ? Qu'est-ce qui est profane ? Quelle est la signification moderne de ces catégories, et que signifient-elles dans le livre des Proverbes ? Lorsque nous parlons de définitions, je garde à l'esprit deux mises en garde.

Pour commencer, je suis consciente de la manière dont ces catégories sont utilisées dans divers domaines universitaires : philosophie, sciences sociales[2], étude des rituels, théologie, etc. En outre, je suis consciente du danger de l'anachronisme. Je ne veux pas imposer des concepts modernes à un texte aussi ancien que le livre des Proverbes. Tout en tenant compte de ces facteurs, mon objectif est de trouver une façon de parler de ce concept de sacré-profane.

On utilise diverses expressions pour désigner les catégories de base appelées « profane » et « sacré ».

Pour le terme « profane », la liste comprend ce qui est naturel, le monde créé, le neutre, le mondain, l'humaniste, le séculier, le commun, le pratique, le matériel et ainsi de suite. La catégorie dite « sacrée » (ou religieuse) comprend des expressions telles que la grâce, le religieux, le spirituel, le surnaturel, l'immanent, le divin, etc. Certes, ces expressions ne peuvent être comprises comme étant strictement synonymes. En fait, elles ne sont pas légitimes de manière égale. Cependant, les expressions se chevauchent dans leur sens et sont comparables en tant que désignations différentes des termes de base de la différenciation « sacré-profane ».

Avec diverses terminologies à l'esprit, de nombreux commentateurs du livre des Proverbes utilisant des approches critiques modernes ont compris ce livre comme une collection d'instructions pratiques et terre-à-terre, de conseils et de sages paroles pour la vie quotidienne. Le livre serait conçu pour enseigner aux lecteurs comment vivre moralement et sagement « ici et maintenant ». On dit que le livre des Proverbes est dépourvu de toute idéologie religieuse et cultuelle de l'ancien Israël. Tout comme il est également réputé pour sa présumée idéologie déiste, laïque et moraliste. Bien des chercheurs contemporains sont déterminés à situer le livre des Proverbes dans son contexte postexilique, reflétant les réalités socio-géopolitiques de l'époque, plutôt que de le lire dans l'abstraction morale qui était courante dans les décennies précédentes[3].

---

2. Le déclin de la référence au divin dans l'espace public ; le déclin de l'attention portée au divin dans la vie privée ; le déclin de la pensée humaine « religieuse », « enchantée » ou « sacrale ».

3. Christine Roy YODER, *Wisdom as a Woman of Substance: A Socioeconomic Reading of Proverbs 1–9 and 31:10-31*, coll. Beihete zur Zeitschrift für die Alttestamentliche Wissenschaft (BZAW) 304, Berlin/New York, Walter de Gruyter, 2001 ; Tova L. FORTI,

Michael Fox, auteur d'un commentaire sur les Proverbes (collection Anchor Bible Commentary), en est un exemple :

> Le cadre social du livre des Proverbes est sujet à controverse, mais il s'agit clairement d'une *œuvre séculière*. Elle ne prétend pas avoir pour origine une révélation ou une inspiration divine. Dieu n'est jamais cité ou abordé. Les Proverbes n'ont jamais eu de rôle dans la vie rituelle d'Israël, ni dans le temple ni dans la synagogue. En fait, ce livre n'a jamais été, et n'est toujours pas, un sujet d'étude délibéré dans les écoles rabbiniques. À l'exception de quelques passages, le livre traite de la vie quotidienne et non des grandes affaires de l'État, de l'histoire, du culte ou de la loi[4].

Il existe au moins trois définitions du terme « profane » que les spécialistes ont attribuées aux Proverbes. Elles sont exposées ci-après.

Le « profane » comme espace neutre : le livre des Proverbes en tant que sagesse universelle

Katharine Dell écrit, à propos du livre des Proverbes, qu'« étant donné son association étroite à la sagesse internationale, la question a été soulevée de savoir si cela suivait une plus ancienne doctrine du Proche-Orient qui présente Dieu en tant que créateur et "ordonnateur du monde" plutôt qu'une doctrine particulièrement israélite[5] ». La thèse principale de R. N. Whybray est que le livre des Proverbes « consiste en un livre de leçons originales, conçu pour être utilisé dans les écoles de scribes, et [qu'il] est étroitement modelé sur des prototypes égyptiens, auxquels les auteurs ultérieurs ont ajouté des éléments d'interprétation, dans l'intention de rendre son enseignement plus conforme aux croyances religieuses israélites[6] ». Selon G. E. Wright :

> Le problème du mouvement de la sagesse [wisdom movement] était que sa base et son intérêt théologique étaient trop étroitement

---

« The *Isha Zara* in Proverbs 1-9: Allegory and Allegorization », *Hebrew Studies* 48, 2007, p. 89-100 ; Claudia V. CAMP, *Wisdom and the Feminine in the Book of Proverbs*, coll. Bible and Literature Series 11, Decatur, GA, Almond, Sheffield, JSOT Press, 1985.

4. Michael Fox, *Proverbs 1-9: A New Translation with Introduction and Commentary*, coll. Anchor Bible 18A, New Haven, Yale University Press, 2009, p. 7.
5. Katharine J. DELL, *The Book of Proverbs in Social and Theological Contexts*, Cambridge, Cambridge University Press, 2006, p. 127.
6. Roger Norman WHYBRAY, *Wisdom in Proverbs*, Naperville, Alec Allenson, 1965, p. 7.

définis ; et à cet égard, le livre des Proverbes reste proche de la source païenne de sagesse dans laquelle la société et l'œuvre divine dans l'histoire ne jouaient aucun rôle. Dans le canon de l'Écriture, les Proverbes ont la fonction importante de fournir une explication de ce que signifie la loi dans la vie quotidienne de chacun. Mais pour survivre en tant que force vive dans le judaïsme et le christianisme, le mouvement de sagesse doit subir une acclimatation plus approfondie aux doctrines de l'élection et de l'alliance[7].

William McKane consacre la première section de son commentaire de la collection Old Testament Library – un total de plus de 150 pages – à la sagesse universelle, notamment aux formes littéraires d'instruction et aux proverbes que l'on trouve en Égypte, à Babylone et en Assyrie[8].

Le livre des Proverbes est comparé non seulement à la sagesse mésopotamienne, mais aussi à la sagesse égyptienne. Les chercheurs ont observé une association étroite avec le texte de sagesse égyptien, l' « Enseignement d'Aménémopé », qui est suggéré comme modèle dont pourrait s'inspirer Proverbes 22.1-24.22[9].

Proverbes	Enseignement d'Aménémopé
(Pr 22.17–18) Tends l'oreille, écoute les paroles des sages ! Applique ton cœur à ma connaissance ! En effet, il est bon que tu les gardes au fond de toi et qu'elles soient toutes présentes sur tes lèvres.	3.9 *Prête tes oreilles, écoute (les propos) qui ont été dits,* 3.10 *prête ton cœur pour les comprendre ;* 3.11 *Heureux celui qui les a mis dans ton cœur ; [...]* 3.16 *ils feront office de pieu pour ta langue.*
(Pr 22.22) Ne dépouille pas le faible parce qu'il est faible et n'écrase pas le malheureux à la porte de la ville.	4.4 *Garde-toi de détrousser un miséreux,* 4.5 *de violenter un faible.*
(Pr 22.24) Ne fréquente pas l'homme colérique, ne va pas avec l'homme violent !	11.13 *Ne fraternise pas avec le bouillant,* 11.14 *Et ne l'approche pas pour discourir.*

---

7. Ernest WRIGHT, *God Who Acts: Biblical Theology as Recital*, Londres, SCM Press 1969, p. 104.
8. William MCKANE, *Proverbs: A New Approach*, coll. Old Testament Library, Philadelphia, Westminster, 1970.
9. Dans le tableau, la traduction française des Proverbes est celle de la Bible Segond 21. La traduction de l' « Enseignement d'Aménémopé » est tirée de l'ouvrage de Vincent Pierre-Michel Laisney, *L'Enseignement d'Aménémopé*, Rome, Pontificio Istituto biblico, 2007, p. 240.

Le « profane » en tant qu'autonomie humaine

Les spécialistes du livre des Proverbes ont également observé le fort humanisme ou élément humaniste du livre. Cela est particulièrement évident avec l'axiome « acte-conséquence » qui imprègne presque tout le livre des Proverbes. Le lien « acte-conséquence » signifie que « si tu fais ceci, voici le résultat ; mais si tu agis de cette autre manière, tu obtiens cela ». L'axiome suggère un principe d'ordre du monde mécanique basé sur des formules, manœuvré par des êtres humains (sages ou déraisonnables) avec les conséquences correspondantes, sans référence au divin. George Ernest Wright dit : « Le matériau du livre des Proverbes, en particulier, reste proche de la source païenne de la sagesse, dans laquelle la société et l'œuvre divine au cours de l'histoire ne jouent aucun rôle[10]. » Samuel Adams soutient qu'il y a un développement de la pensée de la sagesse de ses premiers stades à ses stades ultérieurs, d'une attention portée sur la terre à une focalisation sur l'autre monde. Il situe le livre des Proverbes aux premiers stades, car le livre « se concentre sur les circonstances présentes et *les conséquences immédiates des actions individuelles*[11] ». L'absence d'intervention du divin a fait dire à Derek Kidner : « Un lecteur hostile pourrait aller encore plus loin, et se demander si le vrai dieu et maître dans ce livre n'est pas l'homme lui-même, et le vrai but la prospérité[12]. » Claus Westermann, en revanche, fait une lecture positive du phénomène lorsqu'il écrit : « Si la sagesse, un concept profane, est présente dans les deux Testaments de la Bible, c'est parce qu'elle est inhérente à la création, plus précisément à la création humaine. Le Créateur a donné à l'être humain la capacité de trouver son propre chemin dans la vie et de se comprendre lui-même [...] de distinguer ce qui est bon ou mauvais, bénéfique ou destructeur[13]. »

---

10. WRIGHT, *God Who Acts,* p. 67.
11. Samuel L. ADAMS, *Wisdom in Transition: Act and Consequence in Second Temple Instructions*, coll. Supplements to the Journal for the Study of Judaism 125, Leiden, Brill, 2008, p. 95.
12. Derek KIDNER, *The Proverbs: An Introduction and Commentary*, coll. Tyndale Old Testament Commentaries, Londres, Tyndale, 1964, p. 31.
13. Claus WESTERMANN, *Roots of Wisdom: The Oldest Proverbs of Israel and Other Peoples*, Louisville, KY, Westminster John Knox, 1995, p. 1.

« Le profane » en tant que désenchantement/ démythologisation/absence d'éléments religieux

La dernière définition est l'absence de traditions religieuses dans le livre, telles que les rituels, les sacrifices et les cultes. Pour ces chercheurs, le contenu du livre des Proverbes est pratique et banal. Tova Forti écrit : « À mon avis, les discours d'*Isha Zara* [femme étrangère] ne s'écartent pas des autres questions de la vie quotidienne qui dominent le livre des Proverbes, telles que l'éthique familiale, l'enseignement parental, l'harmonie domestique et la stabilité sociale[14]. » Elle met en garde contre une lecture allégorique de la femme étrangère en tant que « métaphore, un symbole, une allégorie du culte étranger, de la philosophie grecque, et de l'AUTRE dans de multiples directions ». Elle poursuit : « D'emblée, j'énoncerai ma principale thèse, à savoir que la femme étrangère de Proverbes 1–9 (2.16-22 ; 5.1-23 ; 6.20-35 ; 7.1-27) doit être identifiée comme une femme mariée, mondaine, séductrice, adultère, qui menace la sauvegarde du noyau familial et la stabilité de l'ordre social[15]. »

Trois aperçus tirés du livre des Proverbes sur le clivage sacré-profane

Ayant présenté la supposée connotation séculière du livre des Proverbes et ses diverses conceptualisations, je vais maintenant mettre en lumière trois idées thématiques et conceptuelles du livre des Proverbes sur le sacré et le profane.

Premier aperçu : le profane comme espace neutre – le caractère intangible du livre des Proverbes

Le premier aperçu provient de Zoltán S. Schwáb[16]. Schwáb souscrit au premier sens de « profane » et définit le profane dans les Proverbes comme un espace neutre permettant à tous les milieux différents de se rencontrer. Il soutient que le livre des Proverbes adopte le langage commun de l'humanité. Il affirme que le livre des Proverbes a des préoccupations universelles, traitant de problèmes humains intemporels et d'observations générales sur la vie. Il soutient que « la

---

14. Forti, « *Isha Zara* in Proverbs 1–9 », p. 89.
15. *Ibid.*
16. Zoltán S. Schwáb, *Toward an Interpretation of the Book of Proverbs: Selfishness and Secularity Reconsidered*, coll. Journal of Theological Interpretation Supplement 7, Winona Lake, IN, Eisenbrauns, 2013.

nature universelle du livre pourrait encourager le lecteur ancien comme le lecteur moderne à s'engager dans une conversation mutuelle et constructive avec d'autres cultures[17] ». Cette compréhension de la sécularité du livre des Proverbes est sans aucun doute étayée par les textes du Proche-Orient ancien qui présentent des similitudes avec les tons séculiers et terre-à-terre des Proverbes.

Ensuite, Schwáb analyse Dame Sagesse dans Proverbes 8. Il examine l'une après l'autre les différentes possibilités de comprendre Dame Sagesse telles que : une idée platonicienne, les aphorismes et les dictons du livre, la Torah, une figure littéraire représentant la sagesse divine/humaine, Yahvé lui-même, l'ordre du monde ou une hypostase de Dieu. Il conclut qu'il ne s'intéresse pas à l'identité de Dame Sagesse mais à sa relation avec Dieu. En conséquence, Dame Sagesse dans Proverbes 8 est décrite de plusieurs manières : d'une part, Dame Sagesse est Yahvé[18], mais d'autre part, elle est différenciée de Yahvé. Schwáb affirme que, sur le plan fonctionnel, « la sagesse est un médiateur qui transmet la présence de Yahvé ou, plus précisément, qui met en valeur la présence de Yahvé dans le monde. Quand on voit la sagesse, on voit Yahvé, pour ainsi dire[19] ».

Il développe son idée selon laquelle « Proverbe 8 dépeint la sagesse dans les êtres humains et à travers laquelle ces derniers peuvent faire l'expérience de la présence de Dieu[20] ». Selon Schwáb, en choisissant la sagesse dans cet espace neutre séculier, on participe au divin et au sacré et on imite le divin ou le sacré. Il écrit :

> Si j'ai raison de dire que la sagesse consiste à être avec Yahvé et que cela constitue l'arrière-plan de la lecture de l'ensemble du livre des Proverbes, alors nous pouvons difficilement qualifier ce livre, ou le monde et le comportement dont il traite, de « séculiers ». C'est plutôt le contraire. L'idée maîtresse du livre semble être d'encourager le lecteur à faire l'expérience de Yahvé dans le monde. En ce sens, il s'agit davantage de la « sanctification du monde séculier » que de la vie dans le monde[21].

---

17. *Ibid.*, p. 176.
18. La vie et la mort dépendent de la relation avec elle ; elle est la source du gouvernement ; elle déteste la méchanceté comme Yahvé ; comme Yahvé, elle est plus précieuse que l'argent et l'or.
19. Schwáb, *Toward an Interpretation*, p. 188.
20. *Ibid.*, p. 182.
21. *Ibid.*, p. 188-189.

Selon le raisonnement de Schwáb, lorsqu'on choisit la sagesse, on participe au sacré et au divin, même dans l'espace séculier. En choisissant la sagesse, on sanctifie le séculier. Je suis d'accord avec sa thèse. Cependant, le danger de cette compréhension, lorsqu'elle est appliquée au monde séculier contemporain, est le risque de séparer la Personne divine des enseignements et de la sagesse divins. Comment quelqu'un peut-il savoir qu'en choisissant la sagesse, il rencontre le divin/sacré ? Le signe indique-t-il de manière pratique et précise le signifié ? Le problème de la laïcité moderne est de prendre la sagesse et les enseignements de Dieu sans Dieu lui-même. La Personne divine est dissociée de l'enseignement, des valeurs et de la sagesse divine, qui sont au contraire associés à l'effort et à la gloire de l'homme. C'est ce qu'on appelle le « christianisme culturel[22] », qui est aux antipodes de la vision du monde du livre des Proverbes. Je dirais qu'une telle séparation entre le sacré et le séculier (dans son sens moderne) est étrangère à la pensée israélite antique.

Deuxième aperçu : du « clivage profane-sacré » au « clivage sacré-plus sacré »

Dans ce deuxième aperçu, j'aborde la sécularité dans les Proverbes en combinant les deux définitions suggérées par les chercheurs plus tôt dans ce chapitre, à savoir la sécularité comme autonomie humaine et le désenchantement/la démythologisation.

Faibles traces de présence divine et de langage religieux dans le livre des Proverbes

Derek Kidner observe : « Lorsque nous ouvrons le livre des Proverbes au hasard et que nous prenons des échantillons de sa sagesse, nous pouvons avoir l'impression que son contenu religieux est mince et indéfini. Nombre de ses maximes et de ses affirmations théologiques pourraient être transplantées dans un sol non israélite, non biblique, et nous sommes tentés de demander si quelque chose d'aussi spécifique qu'une relation d'alliance avec Dieu est sous-entendu ici[23]. »

---

22. « Chrétiens culturels » désigne les déistes, panthéistes, agnostiques, athées et antithéistes qui ne sont pas chrétiens mais adhèrent aux valeurs chrétiennes et apprécient la culture chrétienne. Ce type d'identification peut être dû à divers facteurs, tels que le milieu familial, les expériences personnelles et l'environnement social et culturel dans lequel ils ont grandi.
23 KIDNER, *Proverbs*, p. 31.

Je voudrais affirmer ici le constat de la forte tonalité d'autonomie humaine et de désenchantement dans le livre des Proverbes. L'autonomie humaine, comme nous l'avons déjà mentionné plus haut, se manifeste par l'omniprésence du « lien acte-conséquence » dans les différents aphorismes. De même, il y a effectivement une absence explicite de rituels, de miracles et de langage cultuel dans le livre des Proverbes. Cependant, tout en affirmant les éléments substantiels de l'autonomie humaine et l'absence de rituels et de miracles, cela ne représente pas complètement le livre. En outre, le livre des Proverbes est unique (tant par sa forme que par son contenu) dans l'Ancien Testament.

Tout au long du livre des Proverbes, les sages identifient Dieu comme YHWH, le Dieu d'Israël (quatre-vingt-sept fois), alors qu'ils n'utilisent *Elohim* que cinq fois. Dans Proverbes 16.9, 19.21, 20.12 et 30.5, Dieu est dépeint comme le créateur, le souverain des décisions humaines et l'arbitre de toutes choses, plutôt que comme l'exécutant ou le garant de la sagesse. Les célèbres paroles de Proverbes 3.5-6 constituent une mise en garde éducative aux êtres humains : « Confie-toi en l'Éternel de tout ton cœur et ne t'appuie pas sur ton intelligence ! » En d'autres termes, lorsqu'une personne sage fait des choix et prend des décisions dans sa vie, elle le fait dans le Seigneur, avec lui et en lui faisant confiance.

De plus, il y a la présence d'un langage religieux dans la description de la sagesse comme « arbre de vie » (3.18). Cela rappelle l'arbre de vie de Genèse 2-3. En fait, on peut établir des liens avec la quête de l'immortalité que l'on trouve dans l'épopée de Gilgamesh. Cette quête de l'immortalité est à mettre en relation avec le langage consistant à « ajouter des années » ou « ajouter des jours » à sa vie dans la recherche de la sagesse (3.2, 16 ; 4.10 ; 9.11 ; 10.27 ; 28.16). C'est Yahvé qui prolonge la vie humaine. Comment cela se produit-il exactement ? On trouve un complément à cette idée dans le Nouveau Testament avec la résurrection des morts. L'épopée de Gilgamesh en constitue un arrière-plan conceptuel ancien. La mort est également décrite dans un langage religieux qui suggère que le sage a une vision de l'autre monde. La mort et la description de *Shéol* comme monde de l'enfer ou séjour des morts sont présentées ci-dessous (Bible Darby) :

> Pr 1.12 : « Nous les engloutirons vivants, comme le shéol, et tout entiers comme ceux qui descendent dans la fosse. »
>
> Pr 27.20 : « Le shéol et l'abîme sont insatiables, et les yeux de l'homme sont insatiables. »
>
> Pr 30.16 : « Le shéol, et la matrice stérile, la terre qui n'est pas rassasiée d'eau, et le feu, qui ne dit pas : C'est assez ! »

En d'autres termes, le livre des Proverbes « peut être considéré comme *le document de l'humanisme d'Israël*, non pas dans le sens d'un rejet du surnaturel, ou même d'une intention de se préoccuper principalement du bien-être de l'homme, mais parce que sa caractéristique générale est la reconnaissance de la responsabilité morale de l'homme[24] ».

La sagesse dans le monde cosmique

Le livre des Proverbes décrit la création du monde cosmique comme étant construite grâce à la sagesse. De plus, ce n'est pas seulement la *construction* du monde qui est réalisée avec sagesse, mais aussi le *peuplement* du monde[25]. Dans la mesure où la sagesse est le *médiateur* de la présence divine, le moyen par lequel les êtres humains font l'expérience de la présence de Dieu (Schwáb), les textes suivants parlent de la présence divine dans/à travers le monde cosmique. Ce concept est cependant différent de l'animisme ou du panthéisme.

> C'est par la sagesse que l'Éternel a fondé la terre,
> c'est par l'intelligence qu'il a affermi le ciel ;
> c'est par sa connaissance que les abîmes se sont ouverts
> et que les nuages distillent la rosée.
> (Pr 3.19-20)

> C'est par la sagesse qu'une maison est construite
> et par l'intelligence qu'elle s'affermit ;
> c'est par la connaissance que les chambres se remplissent
> de toutes sortes de biens précieux et agréables.
> (Pr 24.3-4)

De plus, la sagesse est non seulement préexistante (8.22-29), mais elle fonde aussi la loi qui régit la société humaine :

> Par moi les rois règnent
> et les dirigeants ordonnent ce qui est juste,
> par moi gouvernent les chefs,
> les grands, tous les juges de la terre.
> (Pr 8.15-16)

---

24. O. S. RANKIN, *Israel's Wisdom Literature: Its Bearing on Theology and the History of Religion*, Edimbourg, T&T Clark, 1964, p. 3, italiques dans l'original.
25. Raymond C. VAN LEEUWEN, dans son chapitre « Cosmos, Temple, House: Building and Wisdom in Mesopotamia and Israel », dans *Wisdom Literature in Mesopotamia and Israel*, sous dir. Richard J. Clifford, Atlanta, SBL, 2007, p. 67-90. Il affirme que dans le livre des Proverbes, la sagesse est également liée à la construction du cosmos.

Ainsi, la description du monde cosmique dans Proverbes nous indique qu'il n'existe aucun espace ou domaine considéré comme étant exempt de la présence de YHWH ou du médiateur de la présence de YHWH. Tout comme le monde a été créé et est imprégné par la sagesse, la présence divine imprègne le monde. Le monde entier est la demeure de la sagesse. Par conséquent, il n'y a aucun espace ou domaine dans le monde qui ne soit pas un produit de la sagesse.

En outre, si nous comprenons le monde cosmique comme le modèle du tabernacle d'Israël dans Exode 25-40 et du temple dans 1 Rois 1-11, de sorte que le sanctuaire est une maison microcosmique reflétant la maison macrocosmique de la création, et que le cosmos et le temple sont dits « remplis » de la gloire divine, alors le monde du livre des Proverbes ne peut échapper à la présence divine.

Compte tenu de tous les détails et informations présentés jusqu'ici, une étude attentive du livre des Proverbes montrera que la présence divine/le sacré ne sont pas absents du livre. Cependant, il faut admettre qu'il n'y a qu'une manifestation *discrète* de la présence divine. La forte présence de la participation humaine n'est déduite que par comparaison avec les récits que l'on trouve dans le Pentateuque, l'histoire du Deutéronome et les livres prophétiques, qui sont centrés sur les grands actes salvateurs de Dieu, les rituels et le culte. Sans une telle comparaison, il est difficile de tirer une telle conclusion.

Ainsi, pour expliquer les manifestations réduites – ou moins nombreuses – du sacré dans les Proverbes, nous devons reconnaître que dans ces livres (Pentateuque, Prophètes) l'engagement divin avec l'humanité et le monde est plus direct. Mais dans le livre des Proverbes, Dieu travaille *dans* et *à travers* les êtres humains qui sont créés à son image. N. T. Wright parle de Dieu comme *dia-anthropique* (Dieu *à travers* les êtres humains). Le langage fort de l'autonomie humaine suggère une action humaine plutôt qu'une absence de divinité. Cette autonomie humaine est mise en évidence par l'importance accordée dans le livre des Proverbes au « choix » de la sagesse et de la voie de sagesse (Pr 4.13 ; 6.20 ; 16.16 ; 19.8 ; 22.1 ; 23.23). En bref, « moins » ne signifie pas « absence ». « Indirect » ne signifie pas « absence ». En termes théologiques, l'immanence de Dieu ne se manifeste pas explicitement, mais cela ne signifie pas que Dieu est absent du livre des Proverbes.

Banquet spécial avec Dame Sagesse dans Proverbes 9

Après avoir affirmé la présence – bien que ténue – du sacré dans la vision du monde du livre des Proverbes, je soutiens qu'il y a plus que la seule présence du divin dans les Proverbes. Pour cela, nous devons nous pencher sur Proverbes 9.1-6.

> La sagesse a construit sa maison,
> elle a taillé ses sept colonnes.
>
> Elle a abattu son bétail, mélangé son vin
> et dressé sa table.
>
> Elle a envoyé ses servantes, elle crie
> sur le sommet des hauteurs de la ville :
>
> « Qui manque d'expérience ? Qu'il entre ici ! »
> Elle dit à ceux qui sont dépourvus de bon sens :
>
> « Venez manger de mon pain
> et boire du vin que j'ai mélangé !
>
> Abandonnez la naïveté et vous vivrez,
> avancez sur la voie de l'intelligence ! »

Il s'agit d'un passage charnière dans Proverbes 1–9. En effet, Proverbes 9 est le dernier chapitre de cette section. J'en dirai plus sur la structure du livre des Proverbes dans le troisième aperçu (dernière section). Le chapitre décrit Dame Sagesse dans son temple palatial (9.1). Elle prépare un banquet comportant un animal sacrifié (9.2). Ce banquet comprend de la viande, du pain et des boissons spécialement mélangées par elle (9.5). Elle a des servantes pour inviter les voyageurs et les visiteurs à vivre en suivant la voie de la sagesse (9.3). Elle possède le caractère qui est associé à Dieu. Dans l'ensemble, ce banquet est le domaine où la présence divine est la mieux manifestée et la plus ressentie.

Le portrait de Dame Sagesse dans Proverbes 9.1-6 est différent de celui des premiers chapitres, dans lesquels elle allait dans la rue pour appeler les gens à choisir la sagesse. La sagesse de la rue était platonique et instructive, mais dans Proverbes 9.1-6 nous avons une rencontre *personnelle* avec la sagesse lors d'un grand banquet où l'on dîne avec Dame Sagesse elle-même. Ce banquet représente donc la rencontre la plus sacrée avec le divin.

Degrés de sacralité dans le livre des Proverbes

Nous voyons donc qu'une gradation du caractère sacré opère dans le livre des Proverbes. Cette gradation devrait redéfinir nos catégories « sacré-profane ». Sur la base des Proverbes, je propose que les catégories conceptuelles soient redéfinies en employant à la place de « profane » et « sacré » les termes « sacré » et « plus sacré » (voir figure 2.1). Le clivage profane-sacré est peut-être une *erreur de catégorie*, du moins dans le livre des Proverbes ! Ce que nous voyons dans les Proverbes est une gradation, ou un degré de sacralité, représenté par un gris allant du clair au foncé. Ainsi, au lieu de (1) la présence ou l'absence de caractère sacré, ou (2) la sphère sacrée différenciée de la sphère profane, dans la figure 2.1, le gris foncé représente le domaine le plus proche du cœur de la présence divine.

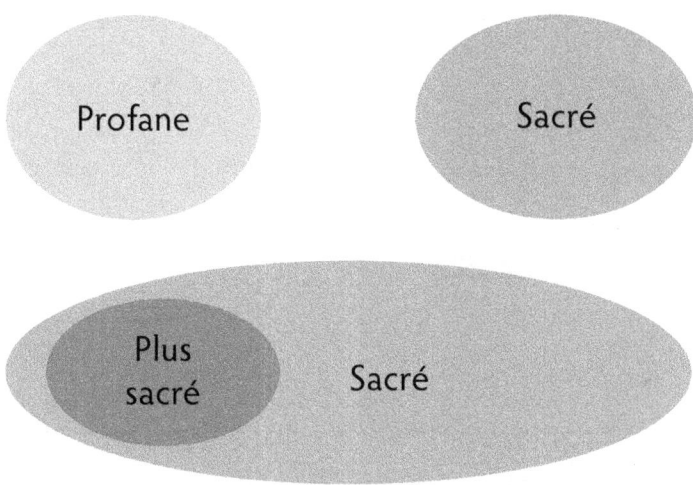

Figure 2.1

Les degrés de sacralité dans la réalité cognitive vécue par les Israélites

Pour appuyer la thèse avancée, on peut évoquer le fait que la gradation de la sacralité est conforme à la réalité vécue et à la vision cognitive du monde des anciens Israélites, et pas seulement au contexte littéraire du livre des Proverbes. Les Israélites voyaient le monde autrement que les gens modernes. Grâce aux sources du Proche-Orient ancien, nous savons maintenant que l'Ancien Testament et les Juifs concevaient le monde cosmique dans lequel nous vivons comme la demeure de l'être divin, Yahvé. Le monde entier était le temple de Dieu où Dieu habite. De même que le tabernacle était divisé en trois parties (tabernacle extérieur/lieu saint/le Saint des Saints)[26], il en va de même pour le monde cosmique (monde visible [où vivent les humains]/cieux visibles/cieux invisibles) dans

---

26 Philip Peter JENSEN, *Graded Holiness: A Key to the Priestly Conception of the World*, Sheffield, JSOT Press, 1992, p. 89-114.

Genèse 1 et le jardin d'Éden de Genèse 2 (jardin extérieur/jardin/Éden)[27]. Après la création du monde, Dieu s'est « reposé » et a pris demeure avec Adam et Ève au milieu du jardin.

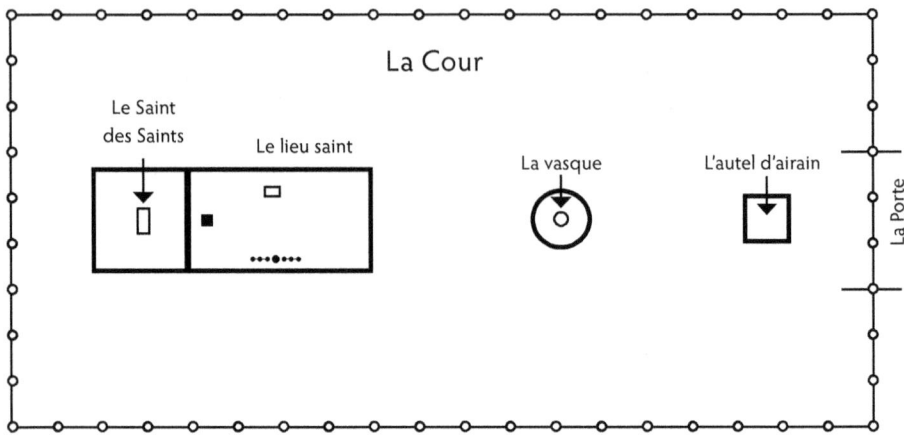

Figure 2.2: le plan du Tabernacle

Les livres de l'Exode et du Lévitique indiquent explicitement que le tabernacle – et plus tard, dans 1 Rois, le temple de Salomon – était un microcosme de la présence de Dieu dans le monde. C'était l'espace sacré physique parce que c'était là que Dieu habitait, comme représenté par la venue de la gloire de Dieu dans Exode 40/1 Rois 11. C'est la présence de Dieu qui rendait cet espace « sacré ». De plus, l'Exode et le Lévitique enseignent que si le monde cosmique est sacré, ce caractère sacré se manifestait à au moins deux niveaux : le saint et le très saint, ce dernier étant le lieu où se trouvait l'arche d'alliance, le centre de la sainteté. Les degrés de sacralité sont observables dans la relation entre le monde cosmique et le tabernacle.

Troisième aperçu : Le métarécit d'un cheminement dans le livre des Proverbes

Un autre élément clé des Proverbes est le métarécit du voyage du fils tel qu'il est reflété dans Proverbes 1-9. Ma thèse est que, dans ce voyage, le fils est

---

27. G. K. BEALE, *The Temple and the Church's Mission: A Biblical Theology of the Dwelling Place of God,* Downers Grove, IL, InterVarsity Press, 2004, p. 48, 75.

constamment averti par ses sages parents de choisir et de poursuivre la sagesse à chaque étape du chemin jusqu'à ce qu'il atteigne la destination finale du dîner avec Dame Sagesse, qui représente la présence divine sacrée (Pr 9).

Voici comment cela fonctionne.

Principales divisions littéraires dans le livre des Proverbes

Le livre des Proverbes est composé de 31 chapitres. Il a été divisé en au moins deux grandes sections. La section des Proverbes 1 à 9 est souvent distinguée de celle des Proverbes 10 à 31 en raison de leurs genres littéraires et de leurs styles différents. Cette dernière partie est composée d'une seule phrase atomistique de sagesse. La première partie, Proverbes 1–9, est composée d'unités littéraires plus grandes ou de sections plus longues. On les appelle « instructions » ou « poèmes de sagesse ». La plupart de ces sections sont introduites par la référence « mon fils », qui est curieusement absente de la deuxième partie. Les spécialistes des Proverbes ont considéré la première section comme des poèmes isolés et des instructions sans rapport entre eux. Cependant, je soutiens (voir ci-après) que ces sections sont liées par leur composition car elles décrivent le parcours du fils.

En outre, la relation entre les deux sections est la suivante : la première section fournit le cadre narratif, tandis que la deuxième section fournit les aphorismes de sagesse applicables dans ce cadre narratif. Le cadre narratif est l'histoire ou le contexte qui est nécessaire pour donner un sens et une signification aux aphorismes atomistiques indépendants.

L'image d'un « cheminement » dans Proverbes 1–9

Observez les multiples éléments qui constituent le récit du parcours dans Proverbes 1–9. Il y a une co-occurrence du terme *derek* « rue », « chemin » et « voie », qui peut signifier (1) une route physique, (2) un cheminement ou (3) une ligne de conduite. La sagesse est représentée comme une amulette, qui protège du mal, attachée au corps ou au cou pour le voyage (1.8-9 ; 6.20-22 ; 3.21-23).

Le recueil décrit les différentes personnes, activités et situations que l'on rencontrait lors d'un voyage dans l'Antiquité : le vol sur la route et les bandits dans Proverbes 1.10-19 ; une prostituée de taverne offrant l'hospitalité et invitant les voyageurs à rester dans sa maison dans le chapitre 7 ; les problèmes liés aux transactions commerciales frauduleuses dans 6.1-5. Cet ensemble décrit les motivations/objectifs du voyage : la recherche de l'or et de l'argent à travers le commerce et les échanges (3.14) ; la poursuite de la guérison (3.8) ; la poursuite de l'honneur (3.16). On retrouve également la dénomination ancienne des routes :

les routes sont nommées en fonction de leur destination finale (par exemple « le chemin de la vie » et « le chemin de la mort »), ou bien elles sont nommées en fonction de leurs fonctions et de leurs voyageurs (par exemple « le chemin des méchants » et « le chemin de la sagesse »).

Enfin, deux destinations ultimes sont en vue. La structure et l'emplacement de Proverbes 9 sont suggestifs. J'en ai brièvement parlé précédemment. Du point de vue narratif, le chapitre décrit deux destinations/destins pour le fils : soit il finit par dîner avec Dame Sagesse (9.1-6), soit il finit auprès de Dame Folie (9.13-18). Comme le fils voyage et choisit la sagesse plutôt que la folie, il atteint sa destination finale, qui est de dîner avec la Sagesse, symbole du divin dans Proverbes 9.1-6. En revanche, s'il choisit la déraison, il entrera dans la maison de Dame Folie (9.13-18). La vie cultuelle d'Israël va dans le même sens, puisque les Israélites vivaient dans des camps, puis dans des villes à l'extérieur du tabernacle/temple, considéré comme le domaine profane/commun. Un pèlerinage annuel était organisé pour permettre aux Israélites d'accéder à la présence divine dans le tabernacle/temple afin de louer Dieu et d'offrir leurs sacrifices.

Mouvement et progression *du* sacré *au* très sacré

La discussion de Schwáb sur la « sanctification du profane par la sagesse » perçoit le choix de la sagesse comme statique, fixe et stationnaire, dans la participation au divin. Je voudrais développer davantage sa thèse et soutenir que le choix de la sagesse devrait être placé dans le contexte d'un parcours de vie qui se reflète dans les Proverbes : un parcours qui implique un mouvement progressif, tourné vers l'avenir et axé sur la sagesse. Ainsi, la sagesse peut être comprise comme un accroissement et une progression qui s'accomplit dans le temps et qui est un mouvement du sacré vers le très sacré.

Ces étapes progressives et croissantes de la sagesse sont logiques dans le livre, comme on le voit dans les passages suivants :

> Donne au sage et il deviendra encore plus sage,
> enseigne le juste et il augmentera son savoir.
> (Pr 9.9)

> Que le sage écoute, et il augmentera son savoir !
> Celui qui est intelligent gagnera en habileté
> pour comprendre les proverbes et les paraboles,
> les paroles des sages et leurs énigmes. [Ceux qui sont déjà sages sont exhortés à continuer d'écouter et d'apprendre, etc.]
> (Pr 1.5-6)

> Le moqueur cherche la sagesse et ne la trouve pas,
> mais pour l'homme intelligent la connaissance est chose facile.
> [Les sages gagnent en savoir.]
> (Pr 14.6)

Ainsi, choisir la sagesse comme parcours de vie est un mouvement progressif pour atteindre une connaissance expérimentale mature, plus profonde et complète de soi-même, du monde et du divin. Il s'agit d'un mouvement vers l'avant et non d'un point statique. La sagesse est à l'extérieur de soi et doit être poursuivie avec ténacité chaque jour de sa vie.

De même, l'image du cheminement invite le voyageur à passer du profane (si l'on veut conserver cette étiquette) au sacré et au très sacré. En choisissant la sagesse plutôt que la folie, le fils voyageur est invité et encouragé à entrer dans le domaine le plus sacré – l'expérience intime du repas avec le divin.

Questions pour la réflexion personnelle et la discussion en groupe

1. Réfléchissez et discutez la proposition de l'auteure selon laquelle, d'après les catégories et la vision du monde du livre des Proverbes, il est plus exact de parler du « sacré » et du « très sacré » que de la dichotomie « profane et sacré », plus communément utilisée.

2. En ce qui nous concerne et en ce qui concerne ceux que nous enseignons à l'Église et à l'école théologique, quels sont les défis à relever pour changer les catégories mentales, les présuppositions et les visions du monde trop bien ancrées ? Appliquez ce concept à des personnes que vous connaissez (sans mentionner de noms dans la discussion).

3. Dans votre contexte particulier, quels sont les défis à relever pour commencer à interpréter le monde en termes de « sacré et très sacré » plutôt que de « profane et sacré », et pour aider les autres à faire de même ? En quoi votre culture peut-elle différer des autres dans l'accomplissement de cette tâche ?

4. Quels principes bibliques et théologiques, hors du livre des Proverbes, peuvent être présentés pour soutenir le point de vue « sacré et très sacré » ? Par exemple, comment relieriez-vous ces idées au concept paulinien de « chair/esprit » ?

5. Si nous considérons que le monde entier est, dans une certaine mesure, sacré (parce qu'il est la création de Dieu, qu'il est habité par son omniprésence et qu'il est imprégné de la grâce commune et salvatrice, etc.), quelles sont les

implications de la vision du monde « sacré et très sacré » sur la manière dont les chrétiens comprennent et interagissent avec les éléments communément considérés comme « laïques » (la culture, les arts, la société, le travail, la politique, etc.) ?

6. Prenez du recul et rendez grâce pour votre musique, vos œuvres d'art préférées, votre activité sociale, votre activité professionnelle.

7. Quelles sont les implications de la vision du monde « sacré et très sacré » pour la mission rédemptrice qui cherche à reconquérir les objectifs divins dans les aspects dits « profanes » de la vie, dans lesquels la sainteté donnée par Dieu a été diminuée par les effets du péché ?

8. De quelle manière la vision du monde « sacré et très sacré » confronte-t-elle et façonne-t-elle les distinctions profane-sacré communes aux Églises évangéliques et aux institutions théologiques, concernant le ministère ordonné et laïque, et les diverses vocations des chrétiens sur le marché et dans la société ?

9. Prenez un instant pour rendre grâce pour les nouvelles idées issues de cette étude. Priez pour avoir la sagesse de mettre en œuvre des changements personnels et institutionnels à partir de ces idées.

Références

ADAMS Samuel L., *Wisdom in Transition: Act and Consequence in Second Temple Instructions*, coll. Supplements to the Journal for the Study of Judaism 125, Leiden, Brill, 2008.

BEALE G. K., *The Temple and the Church's Mission: A Biblical Theology of the Dwelling Place of God*, Downers Grove, IL, InterVarsity Press, 2004.

BURCHARDT Marian, WOHLRAB-SAHR Monika, MIDDELL Matthias, sous dir., *Multiple Secularities Beyond the West: Religion and Modernity in the Global Age*, Boston/Berlin/Munich, Walter de Gruyter, 2015.

CAMP Claudia V., *Wisdom and the Feminine in the Book of Proverbs*, Bible and Literature Series 11, Decatur, GA, Almond/Sheffield, JSOT Press, 1985.

CLIFFORD Richard, sous dir., *Wisdom Literature in Mesopotamia and Israel*, coll. Society of Biblical Literature Symposium Series 36, Atlanta, SBL, 2007.

DELL Katharine J., *The Book of Proverbs in Social and Theological Context*, Cambridge, Cambridge University Press, 2006.

ESTES Daniel J., *Hear, My Son: Teaching and Learning in Proverbs 1–9*, coll. New Studies in Biblical Theology, Grand Rapids, MI, Eerdmans, 1997.

FICHTNER Johannes, *Die Altorientalische Weisheit in ihrer israelitisch-jüdischen Ausprägung*, coll. Beihefte zur Zeitschrift für die Alttestamentliche Wissenschaft 62, Giessen, Alfred Töpelmann, 1933.

FORTI Tova L., « The *Isha Zara* in Proverbs 1–9: Allegory and Allegorization », *Hebrew Studies* 48, 2007, p. 89-100.

FOX Michael, *Proverbs 1–9: A New Translation with Introduction and Commentary*, coll. Anchor Bible 18A, New Haven, Yale University Press, 2009.

JENSEN Philip Peter, *Graded Holiness: A Key to the Priestly Conception of the World*, Sheffield, JSOT Press, 1992.

Kidner Derek, *Proverbs: An Introduction and Commentary*, coll. Tyndale Old Testament Commentaries, Londres, Tyndale, 1975.

LAMBERT Wilfred G., *Babylonian Wisdom Literature*, Oxford, Clarendon, 1960.

MCKANE William, *Proverbs: A New Approach*, coll. Old Testament Library, Philadelphia, Westminster, 1970.

RANKIN O. S., *Israel's Wisdom Literature: Its Bearing on Theology and the History of Religion*, Édimbourg, T&T Clark, 1964.

SCHWÁB Zoltán S., *Toward an Interpretation of the Book of Proverbs: Selfishness and Secularity Reconsidered*, coll. Journal of Theological Interpretation Supplement 7, Winona Lake, IN, Eisenbrauns, 2013.

TAYLOR Charles, *A Secular Age*, Cambridge, MA, Harvard University Press, 2007.

VAN LEEUWEN Raymond C., « Cosmos, Temple, House: Building and Wisdom in Mesopotamia and Israel », dans *Wisdom Literature in Mesopotamia and Israel*, sous dir. Richard J. Clifford, Atlanta, SBL, 2007, p. 67-90.

WEEKS Stuart, *Instruction and Imagery in Proverbs 1–9*, Oxford, Oxford University Press, 2007.

WELLS David, *God in the Whirlwind: How the Holy-Love of God Reorients Our World*, Wheaton, IL, Crossway, 2014.

WESTERMANN Claus, *Roots of Wisdom: The Oldest Proverbs of Israel and Other Peoples*, Louisville, KY, Westminster John Knox, 1995.

WHYBRAY Roger Norman, *Wisdom in Proverbs*, Naperville, Alec Allenson, 1965.

WILSON Frederick M., « Sacred and Profane? The Yahwistic Redaction of Proverbs Reconsidered », dans *The Listening Heart: Essays in Wisdom and the Psalms in Honour of Roland E. Murphy, O. Carm*, sous dir. Kenneth G. Hugland, Elizabeth F. Huwiler, Jonathan T. Glass et Roger W. Lee, coll. Journal for the Study of the Old Testament Supplement 58, Sheffield, Sheffield Academic Press, 1987, p. 313-334.

WOLTERS Al, *The Song of the Valiant Woman: Studies in the Interpretation of Proverbs 31:1-21*, Carlisle, Paternoster, 2001.
WRIGHT G. E., *God Who Acts: Biblical Theology as Recital,* Londres, SCM, 1952.
YODER Christine Roy, *Wisdom as a Woman of Substance,* coll. Beihefte zur Zeitschrift für die Alttestamentliche Wissenschaft 304, Berlin, de Gruyter, 2001.

Section 2

Un appel à la vertu

Dans cette section, nous présentons trois auteurs qui lancent un appel aux institutions théologiques pour une formation théologique intégrée. Ils demandent que l'on accorde moins d'attention aux compétences du ministère et plus à la formation des personnes pour les préparer au ministère pastoral – bien que le fait même de l'exprimer ainsi suggère une dichotomie que tous rejettent. Ils recherchent une intégration de la personne-en-soi et de la personne-en-contexte, et donc une intégration des activités centrales de la formation théologique.

On a souvent observé que les « critères de sélection » des responsables dans les Épîtres pastorales ne comprennent qu'une seule compétence, la capacité d'enseigner, et n'énoncent ensuite que les exigences relatives aux traits de caractère et de comportement du responsable. Dans ces chapitres, ce constat est complété par une théorie historique et éducative qui nous aide à interpréter les mesures à prendre pour réaliser la vision biblique de dirigeants qualifiés.

Le clivage entre le sacré et le profane est présenté comme faisant partie d'une tendance négative plus importante qui peut contaminer la formation théologique. L'approche grecque qui sépare le corps et l'esprit est aussi influente qu'inutile dans la formation des dirigeants de l'Église. Une approche plus holistique est nécessaire, et nos auteurs nous guident vers une telle vision.

Le chapitre de Lily Chua fait directement suite au travail de Shirley Ho sur l'interprétation du livre des Proverbes. Elle utilise les résultats catégoriels du travail de Ho pour souligner que la formation théologique est un mouvement du sacré vers le très sacré. Elle interroge les défis très concrets de la formation morale, tels que l'influence de la pornographie sur les pasteurs, les taux de divorce, les défaillances morales, le narcissisme et les conflits dans l'Église. Pour aider à répondre à ces questions, elle adapte l'analyse culturelle de Keller (qui éclaire le fossé entre le religieux et le profane) en fonction de la recherche de Ho sur le livre des Proverbes. Elle suggère ensuite une série de moyens pratiques par lesquels les institutions théologiques peuvent s'approprier ces idées bibliques.

Dans le chapitre 4, Marvin Oxenham propose que, tout comme la formation théologique est en partie à l'origine du clivage sacré-profane, elle peut aussi contribuer à le surmonter. Il invite l'Église et ses dirigeants à transformer la culture en s'engageant dans la formation du caractère et de la vertu et en la promouvant. Cela engagera la société, non seulement en tant qu'œuvre de grâce commune, mais aussi en tant que moyen d'accomplir la *missio Dei*.

Marilyn Naidoo se concentre sur l'idée de la formation de l'identité qui permet de répondre aux questions fondamentales « Qui suis-je ? » et « Que suis-je censé faire ? » Elle propose le modèle de la *Personality and Social Structure Perspective* de House qui comporte à la fois un concept de développement collectif (socialisation) et individuel (psychologique). Ceux-ci sont appliqués à l'enseignement théologique afin de renforcer le processus de formation des responsables pastoraux.

Cette section ne fournit pas une réponse complète à la question « Que pourrait faire l'institution théologique pour aider à surmonter le clivage sacré-profane ? » Elle met cependant les institutions théologiques au défi d'examiner la totalité de leurs offres et processus éducatifs, et constitue à ce titre un appel clair à l'holisme.

3

Les enseignements du livre des Proverbes appliqués à la formation théologique

Lily K. Chua

Ce chapitre s'appuie sur le chapitre précédent et poursuit la discussion sur la manière dont les enseignements tirés des Proverbes peuvent être appliquées à la formation théologique. La thèse centrale est que la formation dans l'enseignement théologique est une progression vers la maturité en Christ parmi les étudiants et les professeurs, du sacré au très sacré.

L'enseignement théologique dans le contexte de la formation : un passage du sacré au plus sacré

Dans le chapitre 2, Ho a soutenu que « profane/sacré peut être une erreur de catégorie, au moins dans le livre des Proverbes ». Elle a mis en évidence trois aperçus thématiques du livre des Proverbes :

- Premier aperçu : le profane en tant qu'espace neutre – la nature universelle des Proverbes : *la sagesse comme sanctification du profane (neutre)*.
- Deuxième aperçu : le profane en tant qu'autonomie/désenchantement humain : le passage du clivage profane/sacré au clivage sacré/plus sacré – *sagesse en tant que capacité humaine (du clivage profane/sacré au sacré/très sacré)*.

- Troisième aperçu : le métarécit d'un parcours progressant de la périphérie au centre de la présence divine – *la sagesse en tant que mouvement et vie (progression vers la maturité, du sacré au davantage sacré).*

Je prends cela comme un rappel à l'ordre qui arrive à point nommé. La formation du « sacré au plus sacré » et « le cheminement de toute une vie vers la maturité » touchent au cœur même de la formation théologique. Il s'agit, dans le langage du Nouveau Testament, d'une maturation vers la conformité au Christ, et c'est la mission de l'éducation chrétienne et de la formation théologique.

Le fait de combler le fossé entre le sacré et le profane dans certains domaines de notre vie d'Église a involontairement fait pencher la balance du côté du profane. Nous nous engageons de manière proactive dans le profane pour combler le fossé entre le sacré et le profane, mais se pourrait-il que nous compromettions le sacré dans notre effort actif pour rapprocher les deux ?

Comme nous le présentons ci-dessous, les résultats des recherches liées à l'Église nous incitent à nous méfier de la manière dont nous avons formé nos étudiants en théologie. Les défaillances morales et les personnalités narcissiques augmentent chez les pasteurs, ce qui nous pousse à évaluer l'efficacité de notre formation : avons-nous vraiment formé nos étudiants ? Avons-nous réussi ? Les résultats sur le terrain du ministère et dans la vie de nos diplômés reflètent-ils la mission de nos écoles et les objectifs de la formation théologique ? Dans leur parcours de vie, ont-ils choisi la sagesse ou la folie ?

Il nous faut peut-être nous pencher sur un problème plus pressant que celui du clivage sacré-profane.

Nécessité de la formation du caractère moral : les défaillances morales

LifeWay Research[1] a lancé une étude qualitative pour identifier les facteurs qui contribuent à l'attrition des pasteurs. Les facteurs identifiés sont l'épuisement professionnel, la défaillance morale, les conflits dans l'Église, une mauvaise adéquation avec l'Église, et les problèmes familiaux. En outre, trois thèmes primordiaux émergent de la recherche : (1) les exigences et les attentes ; (2) le besoin d'accomplissement ; et (3) la santé spirituelle et émotionnelle.

---

1. LifeWay Research, « Pastors More Likely to Address Domestic Violence, Still Lack Training », 18 septembre 2018, https://lifewayresearch.com/2018/09/18/pastors-more-likely-to-address-domestic-violence-still-lack-training/.

L'étude conclut qu'au cœur des facteurs d'attrition interdépendants se trouve un problème sous-jacent de santé spirituelle ou d'insécurité qui, s'il n'est pas traité, se manifeste sous des formes telles que l'épuisement professionnel ou la déchéance morale.

Ce principe peut être observé dans les statistiques de recherches récentes sur les défaillances morales liées aux pasteurs.

Statistiques de la pornographie

Tout d'abord, en ce qui concerne l'utilisation de la pornographie, les rapports de Barna[2] et Gallup[3] montrent un changement rapide des perceptions morales, à la fois parmi les non-chrétiens et les chrétiens. Un nombre croissant de personnes adoptent un point de vue plus permissif sur la sexualité, le sexe et la pornographie. Barna relève que 14 % des pasteurs et 21 % des jeunes pasteurs affirment lutter contre la pornographie. Cela signifie qu'un jeune pasteur sur cinq et un pasteur senior sur sept sont adeptes réguliers de la pornographie et luttent contre la honte et la culpabilité.

Cela nous amène à nous demander quel pourcentage nous trouverions si nous étudiions l'utilisation de la pornographie chez les étudiants. Dans quelle mesure l'utilisation de la pornographie est-elle liée à une moins bonne santé spirituelle ?

Taux de divorces

Dans le contexte du mariage, bien que plusieurs sources aient réfuté l'idée reçue selon laquelle le divorce chez les croyants est tout aussi répandu que chez les non-croyants[4], le mariage chrétien est tout de même en jeu.

Wright a écrit que les taux de cohabitation prémaritale chez les évangéliques ont quadruplé et que les taux de divorce/séparation ont doublé depuis

---

2. Barna Group et Josh McDowell Ministry, *The Porn Phenomenon*, Ventura, Barna, 2016, p. 80. Voir aussi Covenant Eyes, « The Porn Stat 2018 », www.covenanteyes.com.
3. Gallup, « More Americans Say Pornography Is Morally Acceptable », 5 juin 2018, https://news.gallup.com/poll/235280/americans-say-pornography-morally-acceptable.aspx.
4. Ed STETZER, « Pastors: That Divorce Rate Stat You Quoted Was Probably Wrong », *Christianity Today*, 27 septembre 2012, https://www.christianitytoday.com/edstetzer/2012/september/pastors-that-divorce-rate-stat-you-quoted-was-probably.html ; « Marriage, Divorce, and the Church: What Do the Stats Say, and Can Marriage Be Happy? », *Christianity Today*, 14 février 2014, https://www.christianitytoday.com/edstetzer/2014/february/marriage-divorce-and-body-of-christ-what-do-stats-say-and-c.html.

les années 1970[5]. Krejcir, dans ses recherches en cours, a découvert que 3 % des pasteurs réformés et évangéliques ont déclaré avoir eu une liaison[6]. Ainsi, Stanton, en examinant les nouvelles statistiques, a conclu que « [le taux] est encore plus élevé que ce que la plupart d'entre nous peuvent accepter[7] ». Il est évident que nous avons beaucoup de progrès à faire.

Inconduite sexuelle

En plus des statistiques sur la pornographie et les taux de divorce, le mouvement #MeToo, ainsi que le mouvement #ChurchToo qu'il a suscité, ont entraîné une prise de conscience, des discussions et une confusion sans précédent concernant les violences domestiques, les abus sexuels et l'inconduite sexuelle dans les milieux évangéliques. Avec les démissions d'éminents dirigeants évangéliques depuis novembre 2017, les mouvements ont démontré l'ampleur des problèmes institutionnels inhérents aux organisations paraecclésiales, aux Églises et aux institutions théologiques.

La déclaration « se taire n'est pas un acte spirituel » [#silenceisnotspiritual] a amené la communauté évangélique à aborder et à combattre l'effort institutionnalisé visant à faire taire les victimes d'abus commis par des personnes en position d'autorité telles que des pasteurs, des ministres du culte et des responsables d'institutions théologiques.

Réflexion

Chez moi, à Taïwan, nous manquons de recherches sur le harcèlement sexuel dans l'Église. Il n'existe pas de statistiques fiables sur l'inconduite sexuelle des pasteurs. Pourtant, dans différentes dénominations, dans différentes parties de l'île et dans différentes sections des Églises de Taïwan, nous avons entendu parler de pasteurs ou de responsables chrétiens qui ont eu des liaisons inappropriées avec des personnes placées sous leur responsabilité et/ou ont été accusés d'avoir commis divers délits sexuels.

---

5. Bradley R. E. Wright, *Christians Are Hate-Filled Hypocrites... And Other Lies You've Been Told: A Sociologist Shatters Myths from the Secular and Christian Media*, Grand Rapids, MI, Baker, 2010.
6. Richard J. Krejcir, « Statistics on Pastors: 2016 Update », ChurchLeadership.org, 2016, http://www.churchleadership.org/apps/articles/default.asp?blogid=0&view=post&articleid=Statistics-on-Pastors-2016-Update&link=1&fldKeywords=&fldAuthor=&fldTopic=0.
7. Glenn Stanton, « Fact-Checker: Divorce Rate among Christians », Gospel Coalition, 25 septembre 2012, https://www.thegospelcoalition.org/article/factchecker-divorce-rate-among-christians.

Les Églises et les institutions théologiques ont besoin de ressources et de formation pour aborder la question des manquements à la morale. Quelles mesures pouvons-nous prendre dès le début de la formation théologique pour éviter que le mal ne se produise ? Quels processus doit-on mettre en place pour que les étudiants puissent aspirer à un niveau plus élevé de sacralité et poursuivre la sainteté tout au long de leur vie ? L'absence de séparation avec ces choix séculiers, mise en évidence par les récentes allégations d'inconduite sexuelle pastorale, est pour nous un appel à l'action, bien que dans des circonstances malvenues.

Pour aller plus loin, la recherche nous indique non seulement le besoin de formation en caractère moral chez les futurs pasteurs, mais aussi le besoin de formation en vertus chrétiennes chez les ministres du culte et les étudiants en théologie.

Besoin de formation aux vertus chrétiennes : les tendances narcissiques

Raskin et Terry ont identifié diverses composantes du narcissisme dans l'inventaire qu'ils ont élaboré pour le trouble de la personnalité narcissique (TPN)[8]. Il s'agit de l'autorité, de l'autosuffisance, de la supériorité, de l'exhibitionnisme, de la tendance à l'exploitation, de la vanité et de la revendication du droit aux privilèges. Après avoir utilisé l'inventaire TPN avec des célébrités, Pinsky et Young ont affirmé que ce sont surtout les scores reflétés pour la vanité, le droit aux privilèges, l'exhibitionnisme et la tendance à l'exploitation qui sont les plus préoccupants[9].

Les chercheurs ont constamment confirmé que les composantes du narcissisme chez les dirigeants causent des dommages aux institutions qu'ils dirigent. Les pasteurs narcissiques manifestent un besoin de pouvoir, de contrôle, d'éloges et de reconnaissance publique. Ils ont souvent des problèmes de colère cachés et il est donc difficile de travailler et d'établir une relation avec eux.

---

8. Robert Raskin et Howard Terry, « A Principal-Components Analysis of the Narcissistic Personality Inventory and Further Evidence of Its Construct Validity », *Journal of Personality and Social Psychology* 54, n° 5, 1988, p. 890-902.
9. Drew Pinsky et S. Mark Young, *The Mirror Effect: How Celebrity Narcissism Is Seducing America*, Audiobook, New York, HarperAudio, 2009.

Narcissisme[10] et conflits d'Église

Puls, Ball et Sandage ont étudié une grande dénomination canadienne et ont trouvé un lien entre le narcissisme du clergé et les conflits destructeurs au sein de l'Église[11]. À leur grande surprise, ils ont constaté qu'un pourcentage relativement plus élevé de membres du clergé répondait aux critères diagnostiques du trouble de la personnalité narcissique (TPN), par rapport à la population ordinaire.

Puls et Ball mettent en garde contre le fait que le trouble de la personnalité narcissique, dans ses formes manifestes ou dissimulées, se cache souvent derrière des couches de tromperie « sacrée ». Les chercheurs ont également constaté que, par rapport aux pasteurs qui ne souffrent pas de TPN, ceux qui en sont atteints pratiquent nettement moins de disciplines spirituelles et de pratiques ministérielles interactives.

Narcissisme et autres concepts

Selon Sandage et Harden, le narcissisme présente une corrélation négative avec la compétence interculturelle[12]. Cette compétence implique « la capacité de penser et d'agir de manière appropriée sur le plan interculturel[13] » et est essentielle pour aider les professionnels à établir des relations et prodiguer leurs soins sans préjugés.

De même, Cooper, Pullig et Dickens ont constaté que le narcissisme a un impact sur le jugement éthique requis pour une direction efficace de l'Église[14]. En tant que dirigeants de l'Église, les ministres du culte sont fréquemment confrontés à des questions éthiques qui nécessitent une prise de décision. Cependant, un excès de suffisance, un désir obsessionnel d'admiration et un manque

---

10. L'accent est mis ici sur le trait de personnalité sociale du narcissisme et non sur le trait diagnostique.
11. R. Glenn BALL et Darrell PULS, « Frequency of Narcissistic Personality Disorder in Pastors: A Preliminary Study », article présenté à l'American Association of Christian Counselors, Nashville, 26 septembre 2015, http://www.darrellpuls.com/images/AACC_2015_Paper_NPD_in_Pastors.pdf ; R. Glenn BALL, Darrell PULS et Steven J. SANDAGE, *Let Us Pray: The Plague of Narcissist Pastors and What We Can Do about It*, Eugene, OR, Wipf & Stock, 2017.
12. Steven J. SANDAGE et Mark G. HARDEN, « Relational Spirituality, Differentiation of Self, and Virtue as Predictors of Intercultural Development », *Mental Health, Religion & Culture* 14, n° 8, 2011, p. 819-838.
13. SANDAGE et HARDEN, « Relational Spirituality », p. 819.
14. Marjorie J. COOPER, Chris J. PULLIG et Charles W. DICKENS, « Effects of Narcissism and Religiosity on Church Ministers with Respect to Ethical Judgment, Confidence, and Forgiveness », *Journal of Psychology & Theology* 44, n° 1, 2016, p. 42-54.

d'empathie envers les autres altèrent le jugement éthique et entraînent des décisions discutables.

Enfin, Pan a soutenu que la culture individualiste est la source de l'augmentation des penchants narcissiques chez les étudiants et les ministres du culte[15]. De même, comme l'ont observé Pinsky et Young dans leur étude sur le narcissisme chez les célébrités, la culture du vedettariat rend les jeunes *lambda* plus narcissiques[16].

Réflexion

Mon séminaire, le China Evangelical Seminary, a célébré ses soixante ans en 2020. Au début, beaucoup de nos anciens élèves sont restés dans le même ministère pendant vingt à trente ans et les Églises ont grandi sous leur responsabilité. En revanche, au cours des cinq dernières années, nous avons constaté un changement plus fréquent de pasteur, et même un nombre croissant de pasteurs quittant le ministère, parmi nos étudiants les plus récents.

Si l'attrition des pasteurs est liée à des conflits au sein de l'Église, à un épuisement professionnel et/ou à une défaillance morale, et que ceux-ci sont à leur tour liés à une mauvaise santé spirituelle et à des tendances narcissiques connexes, alors que peut-on faire et comment pouvons-nous accompagner ces pasteurs et les Églises qu'ils servent avant que des dommages ne leur soient causés ?

Nous n'avons pas encore étudié les facteurs qui contribuent à de tels phénomènes. Mais il est peut-être justifié de se demander dans quelle mesure nous, en tant que responsables et formateurs des étudiants, avons contribué à la séparation qu'ils affichent entre leurs connaissances et leur vie. Avons-nous inculqué un mouvement du sacré vers le très sacré ? Avons-nous vécu la vraie division entre la vie par la chair et la vie par l'Esprit ?

Le besoin de formation : une prise de conscience partagée dans les écoles de théologie

En 2018, l'Association of Theological Schools (ATS) a publié une partie des résultats de son projet de modèles et de pratiques éducatives[17] financé par Lilly

---

15. Shinhwan PAN, « Pastoral Counselling of Korean Clergy with Burnout: Culture and Narcissism », *The Asia Journal of Theology* 20, n° 2, 2006, p. 241-255.
16. PINSKY et YOUNG, *Mirror Effect*.
17. L'Association of Theological Schools, « Explore, Assess, Affirm: The ATS Educational Models and Practices Project; Educational Models and Practices Peer Group Final Reports », 2018, https://www.ats.edu/uploads/resources/current-initiatives/

Endowment à hauteur de 7 millions de dollars. Une partie du projet visait à explorer et à évaluer des modèles et pratiques pédagogiques particuliers au sein de leurs 270 écoles membres. À cette fin, dix-huit groupes de pairs, comprenant plus de 200 représentants de 110 écoles, se sont réunis de 2015 à 2017.

L'une des principales conclusions est que, parmi les nombreuses questions soulevées, deux tiers des dix-huit groupes de pairs ont abordé la question de la formation dans leurs discussions et leurs rapports. Bien que la définition de la formation ait été très variée, dans la plupart des cas, la référence à la formation concernait la formation personnelle et spirituelle.

Le directeur général de l'ATS, Stephen R. Graham (2018), en a conclu : « Beaucoup reconnaissent que l'on est en train de passer d'un accent sur la formation théologique professionnelle (formation pour la profession de ministre du culte), à *la formation de personnes* pour servir dans un éventail de rôles de responsables religieux[18]. »

Tom Tanner, accréditeur de l'ATS, a également fait part de ses réflexions en notant que l'ATS a eu tendance dans le passé à traiter l'enseignement théologique principalement comme une profession. Il a écrit : « Alors que l'ATS entre dans son deuxième siècle, la prochaine série de normes devra peut-être se concentrer davantage sur la formation en tant qu'objectif primordial de l'enseignement théologique[19]. »

De toute évidence, les écoles de théologie ont pris conscience que, outre la formation intellectuelle/académique et ministérielle/pastorale, il convient d'accorder une importance égale à la formation personnelle et spirituelle.

---

educational-models/publications-and-presentations/peer-group-final-reports/peer-group-final-report-book.pdf.

18. Stephen R. GRAHAM, « Educational Models and Practices: What We've Learned and Why It Matters », The Association of Theological Schools (ATS) Biennial Meeting, Denver, CO, 20 juin 2018, italiques ajoutés, disponible sur : https://www.ats.edu/uploads/resources/current-initiatives/educational-models/publications-and-presentations/ed-models-biennial-pres-text-2018.pdf.

19. Tom TANNER, « Reflections on Key Themes and Principles from ATS Peer Groups », The Association of Theological Schools, 16 août 2018, https://www.ats.edu/uploads/resources/current-initiatives/economic-challenges-facing-future-ministers/peer-group-reports-themes-and-principles.pdf.

Modèles du clivage sacré-profane dans la formation théologique

Dans le chapitre 2, Ho a commencé par définir ce qui est sacré et profane. Ce point est crucial, car nous avons des définitions et des compréhensions différentes lorsque nous abordons la question du clivage sacré-profane. Ces différences ne sont pas surprenantes, car à la racine de nos différences se trouve la question même de la manière dont nous abordons la culture.

Dès 1956, Niebuhr a défini cinq modèles de relation entre les chrétiens et la culture à travers l'histoire. Plus récemment, Keller a renommé et affiné les modèles de Niebuhr pour en faire quatre modèles de base reflétant le rapport des Églises à la culture[20].

Bien que les modèles ne soient jamais des catégorisations parfaites des différences, Keller a jugé que l'utilisation de modèles nous aiderait à éviter les extrêmes et les déséquilibres. Selon Keller, chacun de ces modèles « est traversé par un motif ou une vérité biblique directrice qui aide les chrétiens à communiquer avec la culture[21] ». Par conséquent, lorsque chaque modèle est pris indépendamment, il lui manque quelque chose que les autres modèles saisissent et soulignent.

Dans cette partie, je présenterai les quatre points de vue de Keller et la manière dont ils peuvent être appliqués à nos discussions sur le clivage sacré-profane.

Les quatre modèles de Keller

Keller a décrit quatre façons d'aborder la culture. Ce sont les « transformationnistes », les « pertinents », les « deux royaumes » et les « contre-culturalistes ». En bref,

- Les « transformationnistes » visent à pénétrer et à transformer la culture en appelant l'Église à vivre la vision chrétienne du monde dans tous les domaines de la vie.
- Les « pertinents », en revanche, croient que Dieu est déjà à l'œuvre dans la culture et que, par conséquent, l'Église du Christ n'a pas à se transformer, mais à être plus sensible et pertinente en se joignant à la culture environnante et en apprenant d'elle.

---

20. Timothy KELLER, *Une Église centrée sur l'Évangile*, Charols, Excelsis, 2015.
21. *Ibid.*, p. 291.

- Les « contre-culturalistes » pensent que la meilleure chose que l'Église puisse faire pour le monde est d'exposer au monde le royaume du Christ comme une société humaine alternative. Il n'y a aucun espoir que la culture soit transformée.
- Enfin, le modèle des « deux royaumes » voit l'Église comme des citoyens du royaume terrestre ainsi que du royaume rédempteur. Puisque les deux sont gouvernés par Dieu, les chrétiens doivent remplir des responsabilités différentes dans chacun d'eux, et de manière excellente.

Les deux questions de Keller

Pour Keller, les différences fondamentales entre ces quatre modes d'engagement culturel peuvent être réduites à deux questions :

- Premièrement, devons-nous être pessimistes ou optimistes quant à la possibilité d'un changement culturel ?
- Et deuxièmement, la culture actuelle peut-elle être rachetée et est-elle bonne ou fondamentalement déchue ?

En bref, si l'on est optimiste quant au changement culturel, mais que l'on considère la culture comme déchue, alors on adoptera probablement le modèle « transformationniste ». D'autre part, si l'on est optimiste quant au changement culturel et que l'on considère que la culture est bonne, alors on adoptera probablement le modèle « pertinent ».

Si l'on est pessimiste quant au changement culturel, mais que l'on considère que la culture est bonne, alors on adoptera probablement le modèle des « deux royaumes ». Enfin, si l'on est pessimiste quant au changement culturel et que l'on considère la culture comme déchue, alors on adoptera probablement le modèle « contre-culturaliste ».

Application des quatre points de vue de Keller

Si j'essaie d'appliquer les cadres de Keller à notre discussion sur le clivage sacré-profane (CSP) dans l'enseignement théologique, les modèles peuvent ressembler à la figure 3.1.

Les enseignements du livre des Proverbes 53

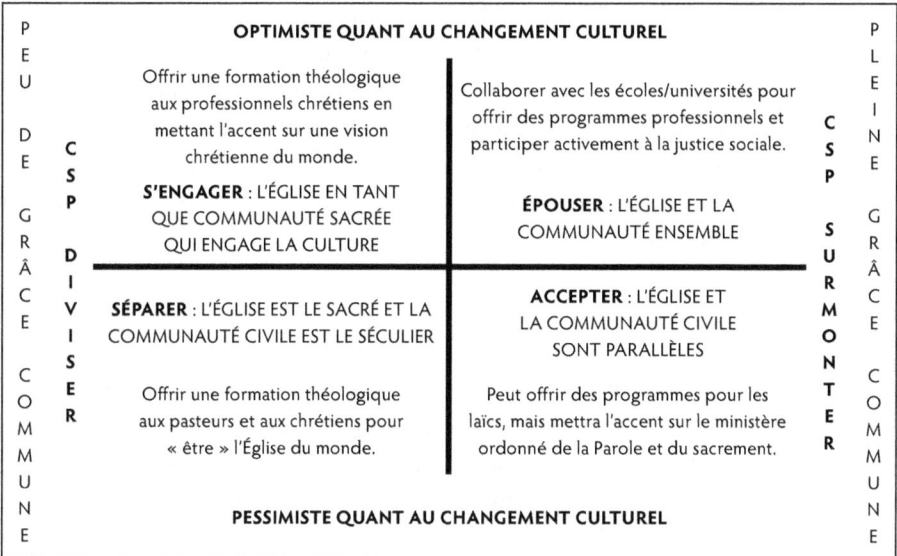

Figure 3.1 Application des quatre points de vue de
Keller aux discussions sur le sujet du CSP

Si les responsables institutionnels sont optimistes quant au changement culturel, mais considèrent la culture comme profane et devant être rachetée, alors ils adopteront probablement le modèle « diviser mais s'engager » et offriront une formation théologique aux professionnels chrétiens en mettant l'accent sur la vision chrétienne du monde pour qu'ils puissent transformer le monde au travail. Ils le feront sans sacrifier leur mission première, qui est de former des étudiants se préparant à un ministère à plein temps.

Si les responsables institutionnels sont optimistes quant au changement culturel et considèrent la culture comme un lieu sacré où Dieu est à l'œuvre, alors ils adopteront probablement le modèle « surmonter et épouser ». Ils préconiseront la collaboration avec les écoles et les universités pour offrir des programmes professionnels en complément de leurs programmes théologiques. En outre, leur corps professoral et leurs étudiants s'engageront activement en faveur de la justice sociale pour le bien commun de tous.

Si les dirigeants institutionnels sont pessimistes quant à la possibilité du changement culturel, mais considèrent néanmoins la culture comme sacrée en raison de la grâce commune de Dieu, alors ils adopteront probablement le modèle « surmonter et accepter ». Ils peuvent décider d'offrir des programmes permettant aux laïcs d'exceller dans leurs vocations séculières, mais ils mettront l'accent sur le ministère ordonné de la Parole et du sacrement.

Enfin, si les responsables institutionnels sont pessimistes quant au changement culturel et considèrent la culture comme purement profane, ils adopteront probablement le modèle « diviser et séparer » et offriront une formation théologique aux pasteurs et aux chrétiens afin qu'ils puissent être formés et incarner l'Église dans le monde.

Réflexion

Si, comme l'a soutenu Keller, chacun des modèles ci-dessus contient une *vérité essentielle sur l'Église et la culture*, mais que chacun néglige certaines implications des thèmes de la création, de la chute, de la rédemption et de la restauration dans l'histoire biblique, alors il est primordial de nous demander : quelle est la voie à suivre ?

Comment procéder ? Quel modèle devrions-nous choisir ? Devons-nous adopter tous les modèles dans notre enseignement théologique ? Si oui, disposons-nous des ressources nécessaires pour tout faire ? Ou bien faisons-nous les choses différemment selon les étapes ou les saisons du cycle de la relation de l'Église à la culture dans notre contexte ? Quelle est la mission première pour nous en tant qu'institutions théologiques ?

Dans la dernière section, je présenterai une adaptation du cadre de Keller et proposerai une manière d'intégrer les idées tirées du livre des Proverbes par Ho au chapitre 2 dans notre discussion sur le sacré et le profane.

Une proposition : une formation du sacré au plus sacré

Keller recommande de « rechercher le "centre" », de « combiner les apports culturels et bibliques de tous les modèles » dans la pratique et le ministère[22]. Il suggère également de « suivre ses dons et sa vocation ». En d'autres termes, choisir ce que l'on fait le mieux avec toutes les ressources et opportunités données.

---

22. KELLER, *Une Église centrée sur l'Évangile*, p. 353, 355. En bref, appliqué à notre contexte théologique, cela signifie enseigner une vision du monde distinctive, se soucier du bien commun de tous, valoriser l'excellence humble et équiper l'Église pour contrer la culture. Keller écrit : « Le matériau biblique nécessite un équilibre, qui n'est pas un compromis, mais qui consiste à se laisser "contrôler simultanément et tout le temps" par tout l'enseignement de l'Écriture » (p. 348).

Ainsi, en m'inspirant des Proverbes, je propose ici la structure présentée à la figure 3.2.

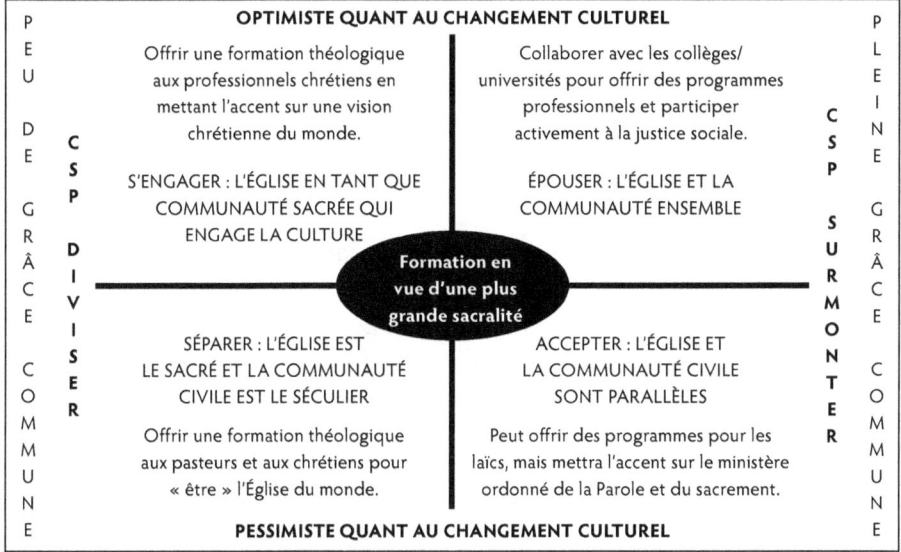

Figure 3.2 Perspectives du livre des Proverbes sur le CSP dans la formation théologique

Quel que soit le modèle utilisé, réfléchissez aux moyens d'inspirer, d'aider et de former les étudiants et le corps enseignant afin qu'ils passent du sacré au plus sacré et qu'ils cheminent tout au long de leur vie vers la maturité en Christ. Nous entendons la Sagesse dire dans Proverbes 9.5-6 :

« Venez manger de mon pain
et boire du vin que j'ai mélangé !
Abandonnez la naïveté et vous vivrez,
avancez sur la voie de l'intelligence ! »

Et nous entendons des messages qui reviennent tout au long des Écritures :

[…] Vous serez pour moi un royaume de prêtres et une nation sainte.
(Ex 19.6)

En effet, je suis l'Éternel, qui vous ai fait sortir d'Égypte pour être votre Dieu, et vous serez saints car je suis saint.
(Lv 11.45)

> En effet, tu es un peuple saint pour l'Éternel, ton Dieu, et l'Éternel, ton Dieu, t'a choisi pour que tu sois un peuple qui lui appartienne parmi tous les peuples qui sont à la surface de la terre.
> (Dt 14.2)

> Ainsi donc, en tant qu'êtres choisis par Dieu, saints et bien-aimés, revêtez-vous de sentiments de compassion, de bonté, d'humilité, de douceur, de patience.
> (Col 3.12)

> Ce que Dieu veut, c'est votre progression dans la sainteté : c'est que vous vous absteniez de l'immoralité sexuelle [...] En effet, Dieu ne nous a pas appelés à l'impureté, mais à la consécration.
> (1 Th 4.3-7)

> Vous, au contraire, vous êtes *un peuple choisi, des prêtres royaux, une nation sainte, un peuple racheté afin de proclamer les louanges* de celui qui vous a appelés des ténèbres à sa merveilleuse lumière.
> (1 P 2.9)

Alors, à quoi ressemble ce cadre de formation par rapport aux enseignements des Proverbes ?

La formation consiste à identifier ce qui est neutre/profane et à l'amener au Christ

Cela implique que nos institutions doivent passer d'une *orientation vers les programmes* à une *orientation vers les objectifs*. Par exemple :

- Diviser et séparer (contre-culture) : conduire les laïcs, la personne « naturelle », vers le Christ.
- Diviser et s'engager (vision du monde distinctive) : amener l'esprit et la vie quotidienne au Christ.
- Surmonter et épouser (bien commun) : conduire toutes les disciplines d'étude vers le Christ.
- Surmonter et accepter (excellence humble) : remettre nos déclarations quotidiennes au Christ.

Bilan hebdomadaire de la réalité : vaincre la pornographie

Dans notre faculté, comme dans la plupart des écoles de théologie en Asie, nous adoptons le mode d'enseignement résidentiel traditionnel. Les professeurs et les étudiants résident sur le campus, pratiquent le culte ensemble en tant que communauté sur une base hebdomadaire et partagent les repas fournis sur le campus. Chaque membre du corps enseignant est responsable de l'encadrement d'un groupe de dix à douze étudiants qui se réunissent chaque semaine pour des prières, des sorties et des repas.

Les étudiants sont encouragés à partager leur « bilan hebdomadaire de la réalité » (présenté sous la forme d'une liste) avec le mentor de leur groupe. Cette liste de contrôle simple, composée de points verts, jaunes et rouges, présente des éléments liés à la vie quotidienne, tels que les méditations quotidiennes, les relations avec la famille et les pairs, la santé physique, la santé émotionnelle et l'intégrité sexuelle.

Nous avons eu des expériences positives avec plusieurs élèves utilisant cette liste de contrôle. En travaillant semaine après semaine sur leurs listes, ils ont pris conscience de l'interdépendance des éléments concernés. Les activités de leur vie quotidienne apparemment « naturelles » ou « banales » sont liées à leur santé spirituelle.

L'un des étudiants a écrit : « Merci de m'avoir accompagné l'année dernière. En effet, j'ai vraiment besoin de revenir à Dieu. » Par la grâce de Dieu, après avoir passé une année entière à rendre compte de ses activités dans le cadre d'un accompagnement avec un conseiller de confiance, il a vaincu sa dépendance à la pornographie sans rechuter.

La formation permet de réorienter les priorités intellectuelles et pastorales vers un équilibre des quatre dimensions suivantes : intellectuelle, pastorale, personnelle et spirituelle

Cela implique de passer d'un enseignement centré sur le cognitif à un apprentissage holistique et engagé ; de l'accomplissement des tâches à des engagements motivés ; de l'égocentrisme à l'orientation vers Dieu et les autres ; et des habitudes/rituels spirituels à une dévotion autodisciplinée.

Groupes SPA et DJ : transition vers une piété autodisciplinée

Il y a plusieurs années, le conseil des étudiants de l'époque a lancé un projet appelé « SPA », qui se poursuit aujourd'hui. Ces groupes de « *Spiritual Partners*

Accountability » (SPA) sont composés de trois ou quatre étudiants qui se réunissent pour prier chaque semaine, se soutenir mutuellement et faire part de leurs difficultés du moment. Les groupes sont créés à l'initiative des étudiants et supervisés par eux. Ce semestre, en conjonction avec les groupements SPA, le présent conseil des étudiants a ajouté une autre initiative appelée « DJ » (ou *Daily Journal*). Ils encouragent l'ensemble du corps étudiant à tenir un journal dans le cadre de leurs méditations quotidiennes.

En tant qu'enseignants et responsables du corps étudiant, c'est avec humilité que nous voyons de tels mouvements « transformationnels » se produire parmi nos étudiants. Et nous prions pour que l'Esprit Saint, qui seul peut renouveler le peuple du Christ à un niveau de sacralité plus élevé, soit heureux d'utiliser ces initiatives de mentorat et de soutien entre pairs pour aider à transformer les rituels spirituels extérieurs en une piété et un amour intérieurs authentiques pour le Christ et son Église.

Les recherches montrent que, contrairement au passé, de nombreux étudiants se lancent dans des études théologiques supérieures sans avoir été formés par les programmes d'enseignement d'une église et/ou par des écoles confessionnelles. En conséquence, les écoles théologiques sont « confrontées à la nécessité d'un travail de rattrapage[23] ». Dans notre faculté, nous continuons à être témoins de ce besoin de rattrapage. Mais, dans la miséricorde de Dieu, nous voyons aussi son Esprit à l'œuvre.

La formation est au cœur de l'enseignement théologique. Nous avons besoin d'une formation plus équilibrée sur les plans intellectuel, ministériel, spirituel et du caractère, qui permette aux étudiants de passer de l'accomplissement des tâches à des engagements motivés, de l'égocentrisme à une vie centrée sur Dieu et les autres, et des habitudes et rituels spirituels à une piété autodisciplinée.

La formation est une progression tout au long de la vie vers la maturité en Christ, de la vie par la chair à la vie par l'Esprit

Cela implique de passer de l'apprentissage scolaire à l'apprentissage autonome tout au long de la vie, de la dévotion individuelle à la construction d'une communauté de foi, et du ministère communautaire à la participation à la création de la culture.

---

23. Association of Theological Schools, « Explore, Assess, Affirm ».

Formation du caractère des étudiants : une progression tout au long de la vie

Les vertus et le caractère chrétiens sont compatibles avec les véritables disciplines spirituelles. En fait, ils sont formés à partir des disciplines spirituelles, de la méditation quotidienne, des groupes de prière, des services de culte et des groupes de partage d'expériences.

Une formation véritable est lente. Elle exige l'exercice quotidien de disciplines spirituelles. Elle exige également, comme l'a écrit Ho au chapitre 3, « un mouvement progressif, tourné vers l'avenir et axé sur la sagesse » vers le sacré, ce qui se traduit par ce que Martin Luther appelait « une mort et une résurrection quotidiennes avec le Christ ».

Worthington, éminent spécialiste du pardon et psychologue chrétien, écrit : « L'essence de la plupart des vertus est qu'elles limitent les droits ou les privilèges du moi au nom du bien-être des autres[24]. » Mark McMinn, psychologue et chercheur chrétien très estimé, a noté que toutes les vertus chrétiennes – le pardon, la gratitude, l'humilité, l'espérance, la grâce et la sagesse – se résument à ce que le Seigneur a ordonné : « Aime le Seigneur de tout ton cœur [...] et aime ton prochain »[25]. Cela implique que ces vertus ne peuvent se développer que chez les personnes qui ont reçu la nouvelle vie offerte par le Christ.

Comment pouvons-nous alors former et entraîner nos étudiants à concrétiser ces vertus ?

Comme d'autres écoles de théologie, le Chinese Evangelical Seminary a encore un long chemin à parcourir. Cependant, voici quelques processus sur lesquels nous avons travaillé dur ces dernières années pour former nos étudiants :

1. Adhérer à un processus rigoureux de sélection d'entrée qui comprend des lettres de recommandation, un examen écrit, un test de personnalité et un entretien face à face.
2. Faire passer le test d'analyse de personnalité T-JTA de Taylor-Johnson à tous les nouveaux élèves afin qu'ils aient le temps de travailler sur leurs propres défis de tempérament pendant leur séjour à l'école. Les résultats du test sont partagés avec chaque étudiant lors d'un entretien individuel.

---

24. Everett L. WORTHINGTON, Jr., « What Are the Different Dimensions of Humility ? », Big Questions Online, 4 novembre 2014, https://answptest2.dreamhosters.com/2014/11/04/what-are-the-different-dimensions-of-humility/.
25. Mark McMINN, *The Science of Virtue: Why Positive Psychology Matters to the Church*, Grand Rapids, MI, Brazos, 2017.

3. Exiger une participation à l'Église dans le cadre des week-ends de formation sur le terrain afin que les étudiants continuent à prendre part aux ministères de l'Église et aient l'occasion d'affiner leurs compétences en matière d'enseignement et de soins pastoraux.
4. Mettre l'accent sur l'intégration des connaissances et de la vie/du ministère par le biais de cours, de partage d'expériences et d'exemples concrets.
5. Impliquer les mentors sur le terrain dans la vie et le ministère de leurs étudiants par le biais d'un feedback et de formulaires de fin de semestre.
6. Concevoir un service hebdomadaire de repas et de nettoyage du campus pour permettre aux étudiants de s'exercer au service.
7. Rendre obligatoire le recours à des services de conseil psychologique à l'extérieur de l'école afin que les étudiants puissent faire face à leurs problèmes de vie non résolus et, par la grâce de Dieu, connaître la guérison et la croissance. Des documents de réflexion sont exigés pour chacune des quatre sessions auxquelles ils participent.
8. Faire passer un test de TPN pendant l'année de fin d'études pour que les étudiants puissent s'autoévaluer avant de quitter l'école.
9. Chaque semestre, planifier des rendez-vous entre enseignants et étudiants et organiser des réunions mensuelles du groupe d'orientation pour que les enseignants puissent échanger leurs observations et leurs idées concernant les élèves ayant besoin d'une aide et d'une attention supplémentaires.
10. Réaffirmer que le rôle des écoles de théologie est seulement « une partie de la vie complète de l'éducation chrétienne/théologique[26] ».

Nous sommes encore très limités lorsqu'il s'agit d'amener les gens du sacré au plus sacré, mais, ainsi que Parker Palmer le dit dans sa manière de définir l'enseignement, « enseigner, c'est créer un espace dans lequel l'obéissance à la vérité est mise en pratique[27] ». Nous créons l'espace ; l'Esprit de Dieu fait le travail.

---

26. Association of Theological Schools, « Explore, Assess, Affirm ».
27. Parker J. PALMER, *To Know as We Are Known: Education as a Spiritual Journey*, San Francisco, HarperOne, 1993, p. 69.

Questions pour la réflexion personnelle et la discussion en groupe

1. Partagez vos convictions personnelles concernant l'engagement culturel en réponse aux deux questions posées par Keller :

    - Devons-nous être pessimistes ou optimistes quant à la possibilité d'un changement culturel ?
    - La culture actuelle est-elle rachetable et bonne, ou fondamentalement déchue ?

    Échangez sur les points forts et les faiblesses des quatre modèles en relation avec la culture décrits par Keller : les « transformationnistes », les « pertinents », les « deux royaumes » et les « contre-culturalistes ». Lequel reflète le mieux vos propres convictions ? Y a-t-il des aspects d'un autre modèle qui pourraient servir de complément au modèle que vous avez choisi ?

2. À certains moments et dans certains lieux, les évangéliques ont pris du recul par rapport à l'engagement culturel. À d'autres moments, ils s'y sont engagés en profondeur. Quelle a été la position de votre tradition religieuse, de votre institution théologique et de votre propre ministère sur cette question, et dans la pratique ? Comment ces points de vue ont-ils influencé la pratique concernant la nature du ministère, la portée de la mission et la forme de l'enseignement théologique ?

3. Êtes-vous en accord ici avec l'opinion de la majorité des personnes qui vous entourent ? Ou faites-vous partie d'une minorité sur ces questions ? Comment se passe cette expérience pour vous et pour ceux qui vous entourent ?

4. Discutez et évaluez la thèse de l'auteur : « La formation dans l'enseignement théologique est une progression vers la maturité en Christ parmi les étudiants et les professeurs, *du sacré au plus sacré*. »

5. Qu'apporte l'expression « du sacré au plus sacré » à votre compréhension du type de développement que Chua envisage pour les étudiants et le corps enseignant, et de la manière dont cette formation est liée au monde dit « séculier » ?

6. Rendez grâce pour les connaissances acquises au cours de ce chapitre et de ce débat. Priez pour avoir la force de changer ou de persévérer. Priez pour votre société et pour le retour du Christ.

Références

The Association of Theological Schools, « Explore, Assess, Affirm: The ATS Educational Models and Practices Project, Educational Models and Practices Peer Group Final Reports », 2018, https://www.ats.edu/uploads/resources/current-initiatives/educational-models/publications-and-presentations/peer-group-final-reports/peer-group-final-report-book.pdf.

BALL R. Glenn, PULS Darrell, « Frequency of Narcissistic Personality Disorder in Pastors: A Preliminary Study », article présenté à l'American Association of Christian Counselors, Nashville, 26 septembre 2015, http://www.darrellpuls.com/images/AACC_2015_Paper_NPD_in_Pastors.pdf.

BALL R. Glenn, PULS Darrell, SANDAGE Steven J., *Let Us Pray: The Plague of Narcissist Pastors and What We Can Do about It*, Eugene, OR, Wipf & Stock, 2017.

Barna Group et Josh McDowell Ministry, *The Porn Phenomenon: The Impact of Pornography in the Digital Age*, Ventura, Barna, 2016.

COOPER Marjorie J., PULLIG Chris J., DICKENS Charles W., « Effects of Narcissism and Religiosity on Church Ministers with Respect to Ethical Judgment, Confidence, and Forgiveness », *Journal of Psychology & Theology* 44, n° 1, 2016, p. 42-54.

Covenant Eyes, Porn Stat 2018, https://www.covenanteyes.com/pornstats/?clickid=Ucu1ygx1SxyLULbwUx0Mo3wGUkExRoVQ7ys2Rw0&irgwc=1&utm_source=IR&utm_medium=123201&utm_campaign=Online%20Tracking%20Link&utm_size=&utm_type=ONLINE_TRACKING_LINK.

DUGAN Andrew, « More Americans Say Pornography Is Morally Acceptable », Gallup, 5 juin 2018, https://news.gallup.com/poll/235280/americans-say-pornography-morally-acceptable.aspx.

GRAHAM Stephen R., « Educational Models and Practices: What We've Learned and Why It Matters », The Association of Theological Schools (ATS) Biennial Meeting, Denver, CO, 20 juin 2018, https://www.ats.edu/uploads/resources/current-initiatives/educational-models/publications-and-presentations/ed-models-biennial-pres-text-2018.pdf.

KELLER Timothy, *Une Église centrée sur l'Évangile*, Charols, Excelsis, 2015.

KREJCIR Richard J., « Statistics on Pastors: 2016 Update », ChurchLeadership.org, 2016, http://www.churchleadership.org/apps/articles/default.asp?blogid=0&view=post&articleid=Statistics-on-Pastors-2016-Update&link=1&fldKeywords=&fldAuthor=&fldTopic=0.

LifeWay Research, « Pastors More Likely to Address Domestic Violence, Still Lack Training », 18 septembre 2018, https://lifewayresearch.com/2018/09/18/pastors-more-likely-to-address-domestic-violence-still-lack-training/.

McMinn Mark, *The Science of Virtue: Why Positive Psychology Matters to the Church,* Grand Rapids, MI, Brazos, 2017.

Palmer Parker J., *To Know as We Are Known: Education as a Spiritual Journey,* San Francisco, HarperOne, 1993.

Pan Shinhwan, « Pastoral Counselling of Korean Clergy with Burnout: Culture and Narcissism », *The Asia Journal of Theology* 20, n° 2, 2006, p. 241-255.

Pinsky Drew, Young Mark S., *The Mirror Effect: How Celebrity Narcissism Is Seducing America,* Audiobook, New York, HarperAudio, 2009.

Raskin Robin, Terry Howard, « A Principal-Components Analysis of the Narcissistic Personality Inventory and Further Evidence of Its Construct Validity », *Journal of Personality and Social Psychology* 54, n° 5, 1988, p. 890-902.

Rector John M., *Objectification Spectrum: Understanding and Transcending Our Diminishment and Dehumanization of Others,* New York, Oxford University Press, 2014.

Sandage Steven J., Harden Mark G., « Relational Spirituality, Differentiation of Self, and Virtue as Predictors of Intercultural Development », *Mental Health, Religion & Culture* 14, n° 8, 2011, p. 819-838.

Smietana Bob, « The #MeToo Movement Has Educated Pastors. And Left Them with More Questions », *Christianity Today,* 18 septembre 2018, https://www.christianitytoday.com/news/2018/september/metoo-domestic-violence-sexual-abuse-pastors-lifeway-2018.html.

Stanton Glenn, « Fact-Checker: Divorce Rate among Christians », Gospel Coalition, 25 septembre 2012, https://www.thegospelcoalition.org/article/factchecker-divorce-rate-among-christians.

Stetzer Ed, « Marriage, Divorce, and the Church: What Do the Stats Say, and Can Marriage Be Happy ? » *Christianity Today,* 14 février 2014, https://www.christianitytoday.com/edstetzer/2014/february/marriage-divorce-and-body-of-christ-what-do-stats-say-and-c.html.

Stetzer Ed, « Pastors: That Divorce Rate Stat You Quoted Was Probably Wrong », *Christianity Today,* 27 septembre 2012, https://www.christianitytoday.com/edstetzer/2012/september/pastors-that-divorce-rate-stat-you-quoted-was-probably.html.

TANNER Tom, « Reflections on Key Themes and Principles from ATS Peer Groups », The Association of Theological Schools, 16 août 2018, https://www.ats.edu/uploads/resources/current-initiatives/economic-challenges-facing-future-ministers/peer-group-reports-themes-and-principles.pdf.

WORTHINGTON Everett L., Jr., « What Are the Different Dimensions of Humility ? » Big Questions Online, 4 novembre 2014, https://answptest2.dreamhosters.com/2014/11/04/what-are-the-different-dimensions-of-humility/.

WRIGHT Bradley R. E., *Christians Are Hate-Filled Hypocrites... And Other Lies You've Been Told: A Sociologist Shatters Myths from the Secular and Christian Media*, Grand Rapids, MI, Baker, 2010.

4

Combler le fossé entre le sacré et le profane par la formation du caractère et de la vertu

Marvin Oxenham

Dans ce chapitre, nous partons du principe qu'il existe un clivage problématique entre sacré et profane dans la théologie et la pratique chrétiennes. Nous reconnaissons également que la formation théologique est en partie responsable de la création et du maintien de ce clivage et qu'à ce titre elle peut apporter une contribution unique à la recherche de la solution. Nous explorerons en particulier comment la formation théologique peut aider à combler le fossé entre le sacré et le profane par le biais de la formation du caractère et de la vertu.

La perspective de notre exploration sera à la fois rétrospective et prospective. Nous examinerons d'abord comment la tradition de la formation du caractère et de la vertu a été partagée par des philosophes non religieux et des théologiens chrétiens et nous verrons comment cela peut représenter un point de rencontre puissant entre le sacré et le profane. Nous examinerons ensuite comment la formation du caractère et de la vertu représente un objectif partagé aujourd'hui à la fois par la société laïque et par la *missio Dei* chrétienne. Dans cet objectif partagé, nous pouvons trouver un nouveau visage de l'apologétique chrétienne et un pont solide entre le sacré et le profane.

Prolégomènes

1. La grâce commune

Deux questions doivent être abordées en tant que prolégomènes. La première concerne Dieu et la grâce, et la seconde porte sur une sélection de certains termes spécialisés qui seront utilisés dans l'argumentation.

En ce qui concerne le premier point, la question porte sur la manière dont la grâce de Dieu opère dans le monde séculier (la question pourrait également être formulée en termes d'exercice de la souveraineté de Dieu en dehors de l'Église). Pour être clair, la question ne porte pas sur la grâce salvatrice, mais sur la grâce commune, considérée comme la bonté que Dieu accorde au monde alors que l'humanité poursuit un mandat de création et génère une culture[1]. Le point de référence dans cette discussion est assurément l'ouvrage *Christ and Culture* [Le Christ et la culture] de Niebuhr, mais la notion de « sphères de souveraineté » d'Abraham Kuyper, présentée dans *Common Grace : God's Gifts for a Fallen World* [La grâce commune : les dons de Dieu pour un monde déchu], représente également une contribution qui fait autorité. Richard Mouw[2] résume avec justesse trois modèles qui conduisent à la vision de la grâce commune de Kuyper, illustrée dans la figure 4.1.

Le premier modèle présuppose que la grâce de Dieu opère dans le monde exclusivement *à travers l'Église*. Ici, l'Église est considérée comme l'unique médiateur entre Dieu et le monde, et donc tout ce que Dieu souhaite faire dans la culture, l'éducation, le droit ou la politique doit passer par l'Église. Ce modèle se retrouve dans de nombreuses traditions religieuses, et il est bien illustré par la démarche catholique consistant à créer des écoles chrétiennes, des partis politiques chrétiens, des maisons d'édition chrétiennes, etc.

---

[1] « La grâce commune de Kuyper était simplement une faveur de Dieu qui donne au monde "les bénédictions temporelles" de la pluie, du soleil, de la santé et de la richesse, et qui freine la corruption dans le monde afin que celui-ci puisse produire une bonne culture. Ce n'était pas une grâce qui visait le salut des réprouvés, une grâce qui s'exprimait dans une offre bien intentionnée du Christ, ou une grâce qui était fondée sur une expiation universelle. » (D. Engelsma, dans G. P. Johnson, « The Myth of Common Grace », *The Trinity Review*, mars/avril 1987, p. 6 ; consulté le 27 novembre 2018, http://trinityfoundation.org/PDF/The%20Trinity%20Review%20 0055a%20TheMythofCommonGrace.pdf.

[2] Voir Richard J. Mouw, « Some Reflections on Sphere Sovereignty », dans *Religion, Pluralism and Public Life: Abraham Kuyper's Legacy for the Twenty-First Century*, sous dir. Luis E. Lugo, Grand Rapids, MI, Eerdmans, 2000, p. 160-182.

DIEU ET LA GRÂCE
....

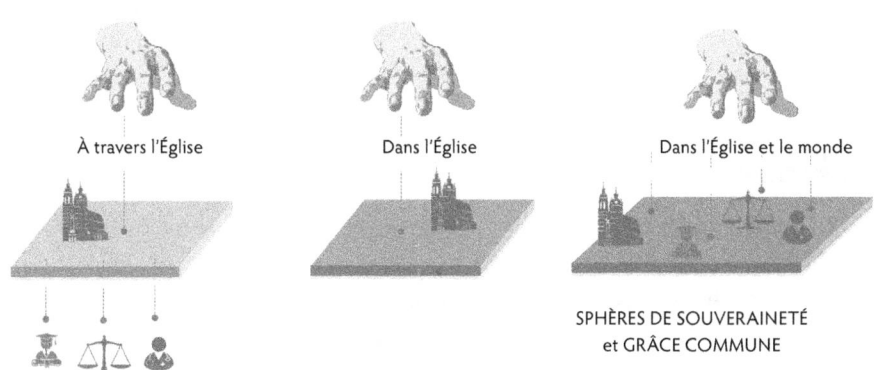

Figure 4.1

Le deuxième modèle suggère au contraire que Dieu n'est à l'œuvre que dans l'Église. Ce modèle génère la division la plus radicale entre le religieux et le profane, car il est fondé sur une vision de la dépravation et de l'abandon et prétend que la grâce de Dieu n'opère pas dans la culture et ne peut être trouvée dans les sciences séculières. Paradoxalement, ce modèle est partagé par la société laïque, qui est tout à fait satisfaite de reléguer Dieu dans le domaine de la religion et de revendiquer une autonomie totale dans toutes les autres sphères du savoir et de la vie.

Le dernier modèle est les sphères de souveraineté de Kuyper, selon lequel Dieu est à l'œuvre de manière indépendante, à la fois dans l'Église et dans le monde. Kuyper croyait que Dieu était souverain dans toutes les sphères de la vie, et cette célèbre citation est de lui : « Il n'y a pas un seul centimètre carré du domaine de l'existence humaine dont le Christ, qui est Souverain sur toutes choses, ne puisse dire : "C'est à moi !"[3] » Selon Kuyper, la souveraineté de Dieu s'exerce dans le monde de manière indépendante, dans différentes sphères et sans médiation de l'Église. C'est pourquoi, par exemple, Kuyper a fondé la Free University of Amsterdam [l'Université libre d'Amsterdam], qui devait être libre

---

3. A. KUYPER, « Sphere Sovereignty », dans James D. BRATT, sous dir., *Abraham Kuyper: A Centennial Reader*, Grand Rapids, MI, Eerdmans, 1998, p. 488.

de l'Église et de l'État, et qui offrirait au monde les bienfaits de l'éducation sous l'influence directe de la grâce de Dieu.

La position adoptée dans ce chapitre à l'égard du profane adopte le modèle des sphères de souveraineté et de la grâce commune et suppose que Dieu est à l'œuvre dans la tradition pédagogique spécifique de la formation du caractère et de la vertu.

2. Les termes utilisés

Un deuxième point préliminaire s'impose concernant une poignée de termes spécialisés associés à la formation du caractère et de la vertu. Il est important de passer en revue notre boîte à outils conceptuelle, à la fois pour éviter toute ambiguïté et pour que les non-spécialistes du sujet puissent participer à la discussion.

Tout d'abord, qu'entend-on par *formation du caractère* ? Le mot « caractère » est utilisé aujourd'hui pour désigner une variété de choses, y compris les traits de personnalité, l'intelligence émotionnelle, les styles de direction et les styles d'apprentissages. Dans ce chapitre, il n'est utilisé dans aucun de ces sens. L'utilisation de ce mot dans le présent chapitre s'inspire de la tradition millénaire de l'éducation du caractère, c'est-à-dire la formation des dispositions morales. Cette formation est plus qu'une prescription de normes et de règlements, car elle vise à façonner de façon permanente la vision morale et la disposition générale d'un individu. En bref, la formation du caractère, telle que nous l'utilisons ici, porte sur l'éducation de la sphère de l'être moral.

En outre, nous parlons de la formation du caractère et de la *vertu*, ce qui soulève la question de savoir ce que l'on entend par « vertu[4] ». Le sujet est vaste, mais ici les vertus concernent des dispositions qui impliquent notre être tout entier et nous font penser, vouloir, sentir, percevoir et faire ce qui est bien. Il y a beaucoup à dire au sujet des vertus. Elles sont exprimées par groupes, et nous pouvons construire des taxonomies de vertus telles que les vertus cardinales, les vertus morales, les vertus chrétiennes, les vertus civiques, les vertus intellectuelles, etc. Les vertus opèrent dans un certain nombre de sphères significatives et distinctives de la vie humaine et peuvent être privées ou publiques, matérielles ou immatérielles, liées à Dieu, à soi-même, aux autres ou à des thèmes. Elles concernent

---

4. La définition retenue ici est largement utilisée par le Jubilee Centre for Character and Virtues : « Les vertus constituent des ensembles de dispositions stables qui concernent un fonctionnement louable dans un certain nombre de sphères significatives et distinctives de la vie humaine » (J. ARTHUR et al., *Teaching Character and Virtue in Schools*, Londres, Routledge, 2017, p. 28).

un fonctionnement louable spécifique et consistent à être juste, à être prudent, à être courageux, à être tempérant, à être humble ou à être miséricordieux. Elles sont stables, car, comme nous le rappelait Aristote, une seule hirondelle ne fait pas le printemps. La vertu doit être constante pour constituer le caractère. Enfin, les vertus conduisent à l'épanouissement humain : la formation du caractère et de la vertu présuppose que nous sommes créés pour la vertu et que nous atteignons notre finalité d'êtres humains lorsque nous incarnons les vertus.

On pourrait se demander s'il est permis d'utiliser le terme plus familier de *formation spirituelle* comme synonyme et substitut de l'éducation du caractère et de la vertu. La réponse est brève : non[5]. Bien qu'il puisse y avoir un certain chevauchement entre les deux, la formation spirituelle concerne principalement notre relation avec Dieu, alors que l'éducation du caractère et de la vertu est centrée sur notre croissance morale. Cette distinction est importante du point de vue pédagogique, et nous nous portons préjudice si nous n'abordons pas cette imprécision[6].

Ce n'est pas le seul problème. Lorsque nous réfléchissons au clivage entre le sacré et le profane, privilégier la formation spirituelle par rapport à l'éducation du caractère ne nous aide pas, car cela suppose une hiérarchie dans laquelle la spiritualité est plus importante, ainsi qu'une dichotomie entre la religion et l'épanouissement humain qui renforce le clivage entre le sacré et le profane au lieu de le combler.

Une tradition partagée

Nous en arrivons maintenant à la première partie de notre argumentation, qui examine comment la formation du caractère et de la vertu peut contribuer à rapprocher le religieux et le non religieux en étant une tradition partagée. Il y a

---

5. Pour une discussion érudite autour cette distinction, voir D. KELSEY, « Reflections on a Discussion of Theological Education as Character Formation », *Theological Education* 25, n° 1, 1988, p. 62-75.
6. Ott commente l'éventuelle déconnexion entre la spiritualité et le caractère : « À première vue, il peut sembler que le développement du caractère fasse partie de la spiritualité... Nous devons cependant ajouter ce que Paul Tournier a remarqué un jour, à savoir que, surtout parmi les personnes pieuses, il semblerait qu'il n'y en ait que quelques-unes qui aient un caractère pleinement développé. Il n'est pas acquis, apparemment, que les personnes pieuses soient aussi des personnes mûres » (B. OTT, *Understanding and Developing Theological Education*, Carlisle, Langham Global Library, 2016, p. 225). En effet, Lindbeck nous rappelle que « les névrosés peuvent être des saints » (G. LINDBECK, « Spiritual Formation and Theological Education », *Theological Education*, Supplément 1, 1988, p. 13).

beaucoup de points communs entre les traditions non religieuses du caractère et de la vertu et les traditions chrétiennes, et cela peut représenter un puissant point de rencontre. En parcourant rapidement quelques-unes des principales époques de l'histoire occidentale, nous pouvons apprendre qu'au fil des siècles, la tradition de l'éducation du caractère et de la vertu a été une *lingua franca* partagée par les philosophes et les théologiens. Les exemples qui suivent ne sont qu'illustratifs et sélectifs.

L'ancien temps

Dans l'ancien temps, nous pouvons trouver de nombreux exemples d'engagement séculier en faveur du caractère et de la vertu. L'idée de *ren*, par exemple, en tant que vertu parfaite, se retrouve au cœur de l'enseignement de Confucius dans ses Analectes[7]. Les collections mésopotamiennes de littérature de sagesse et les épopées telles que l'Épopée de Gilgamesh regorgent également de concepts de caractère et de vertu[8]. Nous pouvons observer la même récurrence dans la littérature « sacrée » de l'Ancien Testament, où nous retrouvons de riches collections de listes éthiques ainsi que des histoires héroïques de vertu et de vice. On peut affirmer que les livres de sagesse, tels que celui des Proverbes, sont très semblables, dans leur approche, au type d'éthique de la vertu qui sous-tend l'éducation du caractère et de la vertu, car nous constatons que ceux qui craignent le Seigneur doivent non seulement faire de bonnes actions, mais aussi *être* des personnes aimantes, dignes de confiance, humbles, maîtresses de soi, prudentes, justes, honnêtes, aimables, généreuses, véridiques, douces, patientes, fidèles, diligentes, adeptes du savoir et zélées.

L'Antiquité

L'Antiquité classique est probablement l'apogée de l'intérêt porté au caractère et à la vertu dans la culture occidentale, tant dans les milieux religieux que profanes. Tout spécialiste des classiques confirmera que le caractère et la vertu sont des concepts clés dans la vision de Platon et d'Aristote de la vie et de la

---

7. *Ren* pourrait également être traduite par « bienveillance », « bonté » ou « humanité » (S. Luo, « Confucius's Virtue Politics : Ren as Leadership Virtue », *Asian Philosophy* 22, n° 1, février 2012, p. 15).
8. Au cours de l'errance de Gilgamesh, « il y a une croissance morale : il apprend, il change » (T. Abusch, « The Development and Meaning of the Epic of Gilgamesh », *Journal of the American Oriental Society* 121, n° 4, 2001, p. 615).

nature humaine[9], tout comme les pratiques du caractère et de la vertu sont au cœur de la *Paideia* grecque et de l'éducation romaine basée sur la *virtus*. Nous retrouvons sans cesse le caractère et la vertu comme dénominateur commun dans les enseignements de Socrate, Platon, Aristote, Sénèque et Cicéron, qui ont posé les bases de la culture occidentale.

Bien que la relation entre la philosophie et la théologie ait fait l'objet de nombreux débats dans l'Église primitive, ceux qui se trouvaient du côté sacré de l'équation dans l'Antiquité classique ont entretenu un dialogue profitable avec la culture du caractère et de la vertu. On pourrait longuement disserter sur la façon dont le Nouveau Testament lui-même fournit des preuves de ce dialogue, en racontant des récits de héros de la vertu et en fournissant des listes éthiques. En ce qui concerne ces dernières, par exemple, le Nouveau Testament comporte au moins huit listes éthiques de vices et quatorze listes éthiques de vertus, la plus remarquable étant le Sermon sur la montagne[10], qui contient autant de vertus identiques que celles figurant sur les listes séculières[11]. La question de la bonne vie morale en tant qu'aboutissement de l'Évangile et source de bonheur profond est également une clé de lecture de nombreuses épîtres[12] (assurément dans Romains et Jacques). Nous trouvons également dans le Nouveau Testament des concepts et des mots importants qui sont partagés avec le monde classique, tels qu'une andragogie de l'imitation, la vision de la sagesse comme

---

9. La *République* de Platon, par exemple, est souvent considérée comme un grand traité politique, mais il s'agit en fait d'un traité éducatif visant à élever la nature humaine dans la vertu pour former l'État idéal.
10. Voir, par exemple, N. T. Wright sur les liens entre les Béatitudes et la vertu (N. T. WRIGHT, *After You Believe*, New York, Harper Collins, 2010, p. 103-108). Les Béatitudes, affirme-t-il, pourraient être confondues avec une liste de règles, mais elles sont bien plus proches des vertus.
11. Il n'entre pas dans le cadre de ce chapitre de détailler les différences entre la tradition classique de l'éducation du caractère et de la vertu et la vision qui émerge du Nouveau Testament. Il est clair qu'elles ne sont pas identiques et que des différences importantes apparaissent, comme l'apparition dans certaines listes éthiques telles que le Sermon sur la montagne de vertus telles que le pardon, l'amour et la modestie qui étaient relativement étrangères au monde classique. Et pourtant, « de nombreux chercheurs ont affirmé qu'en cataloguant ces "vertus", Paul a repris "une liste courante d'un manuel d'instruction éthique et l'a fait sienne", utilisant le matériel de la même manière que les philosophes moraux païens de son époque lorsqu'ils instruisaient leurs adhérents ». (Peter O'BRIEN, *The Epistle to the Philippians: A Commentary on the Greek Text*, The New International Greek Testament Commentary, Grand Rapids, MI, Eerdmans, 1991, p. 501).
12. Voir, par exemple, le commentaire sur Ph 4.8-9 dans O'BRIEN, *Epistle to the Philippians*.

discernement dans l'accomplissement du bien, ou des mots spécifiques comme *arête*[13] et *dikaiosune*[14].

Au cours de cette période, l'Église primitive s'est également engagée dans un dialogue avec ses homologues séculiers sur le caractère et la vertu. Les pères et les mères du désert, par exemple, fondaient leur vision mystique sur la maîtrise des passions du vice comme chemin vers la sainteté, la vertu et l'union avec Dieu[15]. Les enseignements d'Origène regorgent de références à la vertu[16], tout comme ceux de Cassien[17]. Augustin s'engage aussi profondément dans la tradition

---

13. C'est un mot clé de la philosophie grecque qui décrit la vertu. Il est utilisé par Paul en Ph 4.8 pour résumer une liste éthique et par Pierre en 2 P 1 comme un élément clé de la vie de foi.

14. Aristote, par exemple, a réinterprété *dikaiosune* en *arête*, utilisant les deux termes comme de larges synonymes. Mais pour Platon, *dikaousune* était « l'affectation de chaque partie de l'âme à sa fonction particulière, et à aucune autre » (A. MacIntyre, *After Virtue*, Londres, Duckworth, 2007, p. 141).

15. Jean le Nain fournit un exemple de liste éthique : « Je pense qu'il est préférable qu'un homme ait un peu de toutes les vertus. C'est pourquoi, chaque jour, lève-toi tôt et acquiers le début de chaque vertu et de chaque commandement de Dieu. Fais preuve d'une grande patience, avec crainte et longanimité, dans l'amour de Dieu, avec toute la ferveur de ton âme et de ton corps. Fais preuve d'une grande humilité, supporte la détresse intérieure ; sois vigilant et prie souvent avec révérence et gémissement, avec la pureté de la parole et le contrôle des yeux. Quand on te méprise, ne te mets pas en colère, sois en paix, et ne rends pas le mal pour le mal. Ne prête pas attention aux fautes des autres, et ne cherche pas à te comparer aux autres, sachant que tu es inférieur à toute chose créée. Renonce à tout ce qui est matériel et à ce qui est de la chair. Vis par la croix, dans le combat, dans la pauvreté d'esprit, dans l'ascèse spirituelle volontaire, dans le jeûne, la pénitence et les larmes, dans le discernement, dans la pureté de l'âme, en t'attachant à ce qui est bon. Fais ton travail dans la paix. Persévère dans la veille, dans la faim et la soif, dans le froid et la nudité, dans les souffrances. Enferme-toi dans une tombe comme si tu étais déjà mort, afin qu'à tout moment tu penses que la mort est proche » (Cité dans B. Ward, *The Sayings of the Desert Fathers*, Kalamazoo, MI, Cicercian, 1975, p. 92).

16. « Les enseignants d'Alexandrie, pour la plupart, ne s'intéressaient pas à la transmission de connaissances ou de compétences intellectuelles. Ils s'intéressaient à la formation morale et spirituelle » (R. J. Neuhaus, *Theological Education and Moral Formation*, Grand Rapids, MI, Eerdmans, 1992, p. 42).

17. Cassien mentionne un « arbre des vertus » dans l'*Institutis*, indiquant que l'orgueil est le vice qui s'attaquera le plus facilement à ceux qui sont les plus proches d'atteindre toutes les autres vertus. « Il n'y a donc pas d'autre défaut qui soit aussi destructeur de toutes les vertus, et qui vole et dépouille l'homme de toute justice et de toute sainteté, que ce mal de l'orgueil, qui, comme une maladie pestilentielle, attaque l'homme tout entier, et, non content d'endommager une partie ou un membre seulement, blesse le corps entier par son influence mortelle, et s'efforce de faire tomber par une chute des plus fatales, et de détruire ceux qui étaient déjà au sommet de l'arbre de la vertu » (*Institutis* 12.3). « Il ne s'attaque généralement qu'à ceux qui ont vaincu les anciennes fautes et qui sont déjà presque arrivés au sommet de l'arbre en ce qui concerne les vertus » (*Institutis* 24).

du caractère et de la vertu dans *La Cité de Dieu*, et Ambroise imite à dessein le *De Officis* de Cicéron lorsqu'il expose la voie du caractère et de la vertu dans la formation des prêtres de l'Église.

Le Moyen Âge

Au Moyen Âge, la philosophie est dominée par Aristote et nous assistons à une prolifération de la littérature autour des vertus, le plus célèbre de ces ouvrages étant probablement la *Divine Comédie* de Dante, dans laquelle le paradis, l'enfer et le purgatoire eux-mêmes sont organisés autour des vices et des vertus. La politique est également profondément imprégnée par cette vision, comme l'illustrent, par exemple, les fresques de Lorenzetti dans le *Palazzo dei Governatori* de Sienne, où il dépeint une vision fantastique de la vertu et de ses effets sur le gouvernement, menant au bien-être, à la beauté, à l'industrie, à l'éducation, aux loisirs, aux arts, à la sécurité, à la prospérité et à la cohabitation pacifique, le tout contrebalancé par une vision horrible des répercussions du vice sur les gouvernements de la ville et la campagne.

Du côté « religieux », nous constatons que le mouvement monastique met de plus en plus l'accent sur la vertu, les règles de saint Benoît et de saint François en sont peut-être les exemples les plus notoires. On constate également que plusieurs grands théologiens sont aux prises avec la vertu et le vice. Abélard, par exemple, s'est débattu avec la tradition classique des philosophes païens et s'est appuyé en toute sécurité sur Cicéron, soutenant que les philosophes antiques étaient capables d'écrire efficacement sur les vertus parce qu'ils étaient eux-mêmes des personnes vertueuses, et soulignant une longue tradition d'écrivains chrétiens, dont Augustin, Alcuin et Ambroise, qui se sont engagés de manière fructueuse dans les écrits classiques sur les vertus. Thomas d'Aquin est d'évidence le géant sacré de cette période, et il s'engage largement dans la vertu, y consacrant beaucoup d'espace dans les *Prima et Secunda Secundae* de sa *Summa Theologiae* pour fournir une contribution définitive à la théologie du caractère et de la vertu[18].

---

18. Voir le chapitre 47 de la *Summa*, qui est particulièrement riche en références aux vertus.

La Renaissance et la modernité

Nous n'avons pas la place ici d'explorer pleinement la tradition du caractère et de la vertu au cours de la Renaissance et de la modernité, mais on peut noter que les principaux philosophes de cette période se sont tous engagés de manière significative dans cette tradition. Parmi eux, nous pouvons citer Locke, Hume, Kant, Marx, Tocqueville et Emerson. John Locke, par exemple, dans son très influent ouvrage *Some Thoughts Concerning Education*, affirmait que le but le plus important de l'éducation était de créer l'homme vertueux. De l'autre côté du clivage, le dialogue sur cette tradition s'est poursuivi, et nous trouvons des théologiens, des éducateurs et des fondateurs de mouvements ecclésiaux chrétiens profondément engagés dans les questions de caractère et de vertu. Nous pouvons citer, par exemple, des personnalités comme Kempis, Comenius, Spener et les fondateurs du mouvement jésuite. Nous trouvons également Melanchthon, le pédagogue de la Réforme, qui pensait que tous les niveaux d'éducation devaient « non seulement étudier la matière en question, mais aussi créer la vertu[19] ».

Aujourd'hui

À l'heure actuelle, on constate une évolution remarquable du côté séculier de l'équation, où l'on assiste à une renaissance dans la redécouverte de la valeur du caractère et de la vertu au sein de la société. Des prix Nobel sont décernés aux vertus de justice, de générosité, de compassion et de paix, et la bonne moralité est considérée comme essentielle pour réduire les taux de criminalité. La vertu apparaît dans les études savantes comme un facteur limitant le matérialisme dans la société, et le monde du travail reconnaît que les pratiques commerciales non vertueuses conduisent à une entropie, un désordre et un manque d'efficacité croissants. La vertu est de plus en plus souvent désignée comme ce qui est bon pour la société, bénéfique pour la santé, améliorant les pratiques juridiques et les fondements pour la démocratie. Dans le domaine de l'éducation, on assiste à un véritable renouveau de l'éthique de la vertu néo-aristotélicienne et il est de plus en plus fréquent de trouver des programmes de formation du caractère et de la vertu dans de nombreuses écoles et politiques éducatives nationales.

Mais que se passe-t-il aujourd'hui dans l'Église et dans la formation théologique ? Alors que le monde remet la vertu à l'ordre du jour, il semble que l'Église ait négligé son vocabulaire de vertu en évitant le moralisme par crainte

---

19 Cité dans P. SHELDRAKE, *A Brief History of Spirituality*, Oxford, Blackwell, 2007, p. 72.

de paraître légaliste, sectaire et inacceptable. Une captivité non critique aux paradigmes du situationnisme a également affaibli la position des Églises sur ce qui est bon. Il ne s'agit pas seulement d'une hésitation face à des dilemmes moraux difficiles concernant l'avortement, le pacifisme ou la sexualité humaine, mais d'une réticence plus générale à prendre des engagements explicites, même envers des vertus générales. Une exploration des publications récentes dans les manuels évangéliques de formation de disciples, par exemple, révèle que de nombreux modèles de formation de disciples font rarement référence directement au caractère et à la vertu.

De même, dans l'enseignement théologique, peu de choses sont proposées au niveau des programmes diplômants pour rendre claire, centrale et intentionnelle l'éducation du caractère et de la vertu. Contrairement aux époques précédentes, le côté « sacré » de la discussion sur le caractère et la vertu semble avoir perdu son souffle à la fois dans l'Église et dans l'académie de théologie. Peut-être les enseignants en théologie se demandent-ils (comme Stanley Fish[20]) si l'éducation du caractère et de la vertu relève de leur compétence, et ils choisissent de « viser bas » et de ne considérer que les objectifs de l'éducation professionnelle et universitaire. Peut-être que les enseignants théologiques ne sont pas sûrs de la manière dont l'évaluation ou l'accréditation pourrait fonctionner, et qu'ils ont du mal à concevoir des résultats d'apprentissage et des programmes d'études qui incluent le caractère et la vertu. Ou peut-être que les enseignants théologiques sont simplement pris dans la perpétuation des paradigmes éducatifs familiers post-Lumières qui ont peu d'espace dans les programmes pour les objectifs de formation.

Quoi qu'il en soit, l'enseignement théologique semble avoir négligé son héritage immense et son potentiel unique, en s'éloignant du discours et de la pratique de la vertu. Ce faisant, non seulement il appauvrit sa contribution à la vie de ses diplômés, mais il se prive également d'une passerelle directe vers le monde profane. Si la conversation entre la société laïque, les philosophies pédagogiques et la formation théologique sur l'éducation du caractère et de la vertu n'a pas lieu, nous aurons manqué une occasion naturelle de dialogue entre le religieux et le profane.

---

20   Ce débat se trouve dans E. Kiss et P. Euben, *Debating Moral Education*, Durham/Londres, Duke University Press, 2010.

Un objectif partagé

Dans la seconde partie de ce chapitre, nous considérons l'éducation au caractère et à la vertu comme un objectif commun qui peut réunir le religieux et le profane. Il ne s'agit pas tant de regarder vers le passé que vers le présent et l'avenir. Nous examinerons en particulier la manière dont la formation théologique peut être utilisée pour former des diplômés qui accomplissent une sorte de *missio Dei* qui réponde fortement aux besoins et aux désirs de la société. Les objectifs de l'éducation du caractère et de la vertu constituent une « partition musicale » commune que les communautés religieuses et laïques peuvent reprendre à leur compte.

L'Engagement du Cap a rappelé au monde évangélique que la *missio Dei* allait au-delà de l'évangélisation et de l'implantation d'Églises ; elle comprend aussi une mission d'amélioration de la société. L'Engagement stipule que nous rendons « témoignage à Jésus-Christ [...] dans toutes les sphères de la société et dans le monde des idées » et que « la mission intégrale consiste à discerner, proclamer et vivre la vérité biblique selon laquelle l'Évangile est la bonne nouvelle de Dieu [...] pour la société[21] ».

Ces trois objectifs peuvent être décomposés en un programme de dialogue entre l'enseignement théologique et la société laïque autour du caractère et de la vertu.

Partager les idées

Les chrétiens doivent témoigner de Jésus-Christ en prônant des idées spécifiques concernant ce que signifie être une bonne personne et comment le devenir. C'est un sujet qui intéresse la société. Celle-ci se tourne vers la philosophie pour s'entendre dire ce qu'est la vertu et vers l'éducation pour être aidée à nourrir la bonté. L'enseignement théologique a-t-il une contribution à offrir dans cette quête ? La théologie a-t-elle des idées sur la vertu ? L'enseignement dispensé autour des disciplines théologiques peut-il développer et partager des idées avec la société au sens large sur le type de pratiques de formation qui façonneront intentionnellement le caractère et favoriseront la vertu ? Les formateurs en théologie chrétienne ne devraient-ils pas publier des articles dans les revues à ce sujet et se joindre au chœur des idées et des voix dans la recherche du bien ?

---

21. Extrait de « L'Engagement du Cap », https://lausanne.org/fr/mediatheque/engagement-du-cap, Préface et section 7.

Ces questions appellent des réponses positives et la foi chrétienne est particulièrement bien placée pour s'appuyer sur la tradition de l'éducation du caractère et de la vertu. La foi peut appeler à une profonde transformation intérieure qui va au-delà de la technique pédagogique, de l'enseignement judicieux et de la motivation. En effet, l'idée que nous devons partager est que Jésus-Christ est venu nous donner le pouvoir de devenir le type de personne vertueuse dont Aristote rêvait et que la société recherche aujourd'hui.

Influencer la société

Lorsque nous parlons d'influencer la société et la culture, notre discours dépendra en grande partie de la position que nous adoptons dans le débat *Christ and culture* de Niebuhr. Nous partons ici du modèle « le Christ convertit la culture », où la tâche du chrétien consiste à œuvrer avec le Christ pour convertir et transformer la culture.

Lorsque nous réfléchissons à la formation théologique et à l'éducation du caractère et de la vertu, nous avons l'occasion d'influer sur la culture au niveau le plus fondamental en participant à la formation du caractère vertueux des individus. Les problèmes de la société et de la culture ne sont pas d'ordre organisationnel et ne sont pas dus à l'absence de lois et de règlements. Ces problèmes commencent au niveau du caractère de l'individu et c'est là que la formation théologique peut faire la différence. À mesure que cette transformation se produit, les enseignants théologiques se joignent aux laïcs dans un objectif commun. Dans la section précédente, nous avons vu comment la société a redécouvert la valeur du caractère et de la vertu. La société requiert une culture de justice, d'équité, de paix et d'ordre. L'UNESCO, par exemple, se penche sur les urgences mondiales que sont la croissance démographique, la pollution, le réchauffement climatique et l'approvisionnement en énergie, et affirme que la réponse se trouve dans un cadre moral renforcé dans l'enseignement supérieur[22]. Les besoins les plus profonds du monde sont satisfaits par des femmes et des hommes de vertu, et la formation théologique est un puissant contributeur mondial.

> Lorsque des diplômés dotés de vertu et de caractère sortent d'un programme de formation théologique, ils bénissent la société en

---

22. Voir *Report on the World Conference on Higher Education*, UNESCO, 1998 https://unesdoc.unesco.org/ark:/48223/pf0000113664?posInSet=2&queryId=28942914-f30a-42df-bf44-bd3e3fda9e0f, consulté le 26 octobre 2020.

étant de bons citoyens et en apportant des avantages généraux. Une plus grande vertu renforcera les liens sociaux de solidarité. Elle réduira la criminalité et la délinquance. Elle permettra de lutter efficacement contre la corruption et d'accroître la productivité. Elle accroîtra la justice et réduira le besoin d'une justice punitive. Elle améliorera la démocratie, car si vous donnez le pouvoir à des personnes de qualité, vous avez de fortes chances d'obtenir de bons résultats pour tout le monde. [...] La formation théologique est stratégiquement positionnée à travers la planète pour fournir une solide injection de citoyens vertueux dans la société. Ce n'est pas seulement un bien en soi, cela peut aussi constituer un argumentaire puissant de la pertinence de la foi chrétienne[23].

Être de bonnes nouvelles

Regardons les choses en face : la société laïque n'a pas une haute opinion de l'enseignement théologique et ne voit pas non plus une grande utilité à la discipline de la théologie. Bien qu'une argumentation beaucoup plus large soit nécessaire pour répondre à cette perception erronée, un premier argument en faveur de la pertinence de la formation théologique réside dans sa capacité unique à intégrer des citoyens vertueux dans la société. Cela peut aussi devenir une puissante apologétique de la pertinence de la foi chrétienne. Alors que le rationalisme a affaibli son influence et que l'attaque du postmodernisme a diminué la traction de l'apologétique classique et propositionnelle, le fait d'être une bonne nouvelle en contribuant à la société par des citoyens vertueux peut représenter une nouvelle approche de l'argumentaire.

Dans cette nouvelle apologétique, la formation théologique a un rôle essentiel à jouer, car il n'y a pas de meilleur terrain qu'une école de théologie pour développer le caractère et la vertu. En fait, la formation théologique concerne des adultes consentants. Elle s'adresse aux futurs dirigeants. Elle s'occupe de ceux qui ont un Esprit transformateur à l'œuvre en eux. Elle s'adresse à ceux qui sont très motivés et moralement enthousiastes. Elle s'adresse à des étudiants sur une période suffisamment longue pour permettre des pratiques durables. Elle traite d'un sujet (la théologie) naturellement relié à la personne qui l'étudie

---

23. M. Oxenham, *Character and Virtue in Theological Education*, Carlisle, Langham Global Library, 2019, p. 18.

et elle s'appuie sur une tradition immense qui permettra une intégration sans faille des objectifs liés à la vertu. Elle s'adresse à ceux qui se destinent à des types d'emploi où le caractère et la vertu sont exigés, et elle s'adresse aux parties prenantes qui valorisent la vertu. Aucune autre institution sociétale n'offre une alliance aussi unique.

Le présent chapitre affirme que l'éducation du caractère et de la vertu peut apporter une nouvelle ligne de stratégie apologétique profondément ancrée dans la nature même de la formation théologique. Dans la mesure où la formation théologique chrétienne apporte à la société des femmes et des hommes de caractère et de vertu, elle constitue un témoignage significatif de la pertinence du christianisme.

Conclusion

Nous sommes en 1610 et Michelangelo Merisi, également connu sous le nom de Caravage, est en fuite après avoir tué un homme dans les ruelles de Rome. Dans le cadre de son appel à la clémence auprès de Paul V, Caravage offre une peinture de David et Goliath. Il s'agit probablement de son dernier tableau, car il mourra de fièvre peu après, lors de son voyage de retour à Rome. Il avait déjà peint l'histoire de David et Goliath auparavant, mais cette fois-ci, c'est différent. C'est autobiographique, et cela indique un profond changement de caractère. L'image de la tête de Goliath, les yeux encore ouverts et la bouche béante, est en fait un autoportrait de Caravage. Sur la lame de l'épée de Goliath, dans la main de David, on peut distinguer l'inscription HASOS. Il s'agit de l'acronyme de la devise augustinienne *humilitas occidit superbiam* : « L'humilité vainc l'orgueil. » C'est le dernier tableau de Caravage, et son dernier message au monde : « Après une vie d'orgueil, l'humilité m'a conquis. »

Aujourd'hui, l'enseignement théologique dans le monde entier souffre de la domination philistine des universitaires, de la pensée critique scientifique, des paradigmes de mesure dans l'accréditation, des pièges de l'efficacité de la professionnalisation et de la fierté de la réussite et du classement. En servant Goliath, nous sommes nous-mêmes devenus comme Goliath, et en cette période d'esclavage, la formation théologique chrétienne lutte pour reprendre sa place afin de servir ce qui est en son essence : la formation holistique des humains du Royaume.

Mais l'armure de Goliath n'est pas entièrement mauvaise. Son épée est une bonne épée. Elle porte la marque de l'humilité, qui est la qualité première dans la formation du caractère et de la vertu. Il est temps de prendre cette épée et de trancher la tête orgueilleuse qui a pu nous induire en erreur. Puisse l'humilité vaincre l'orgueil et ouvrir une nouvelle saison de travail pour le Royaume.

Questions pour la réflexion personnelle et la discussion en groupe

1. Prenez un moment pour réfléchir aux trois modèles que l'auteur mentionne et qui décrivent les façons dont la grâce commune de Dieu est à l'œuvre dans le monde : (a) à travers l'Église ; (b) dans l'Église ; (c) dans l'Église et le monde/souveraineté des sphères. Laquelle de ces conceptions de la grâce commune a été la plus présente dans vos propres suppositions, ainsi que dans celles de votre institution théologique et de votre tradition de foi ?

2. Dans votre propre contexte, comment ces suppositions concernant la grâce commune influencent-elles la manière dont les chrétiens interprètent le monde et se situent par rapport à la société laïque ? Donnez des exemples personnels et des exemples représentatifs du contexte de votre école et de votre Église.

3. Discutez des façons dont le programme de votre institution aborde la formation du caractère et de la vertu, tels que définis par l'auteur. Évaluez les stratégies actuelles de votre institution théologique en matière de programmes scolaires et parascolaires pour le développement du caractère et des vertus. S'agit-il d'un point fort de votre institution ? Comment peut-on les cibler et les renforcer dans le programme d'études de votre école théologique ?

4. Réfléchissez à votre propre tradition de foi et à celle d'autres Églises évangéliques dans votre contexte. Dans quelle mesure la formation du caractère et des vertus est-elle présente dans les conceptions et pratiques courantes de la vie de disciple ? Quelles suggestions pouvez-vous faire pour renforcer le développement moral et éthique des chrétiens par le biais des ministères d'enseignement et de formation de disciples de l'Église locale ? Quelle part réservez-vous dans votre enseignement pour explorer et encourager ces idées avec vos étudiants ?

5. Réfléchissez et évaluez l'affirmation de l'auteur selon laquelle l'éducation du caractère et des vertus constitue un objectif commun aux communautés religieuses et laïques et, à ce titre, une partie essentielle de la mission intégrale.

6. Priez pour certaines des communautés et institutions laïques locales.

7. En ce qui concerne la proposition de « programme de dialogue entre l'enseignement théologique et la société laïque autour du caractère et de la vertu »,

comment cela pourrait-il se traduire dans la pratique ? Donnez des exemples d'Églises et d'institutions théologiques qui, dans votre contexte, ont réussi à atteindre le triple objectif de partager des idées, d'avoir un impact sur la société et d'être de bonnes nouvelles.

8. Discutez des moyens pratiques par lesquels ces mêmes objectifs pourraient être atteints dans une plus large mesure dans votre propre ministère d'enseignement, votre institution théologique et votre contexte ecclésial.

9. Priez pour l'engagement de votre institution dans les idées et les pratiques de développement du caractère.

Références

Abusch T., « The Development and Meaning of the Epic of Gilgamesh », *Journal of the American Oriental Society* 121, n° 4, 2001, p. 614-622.

Arthur J., et al., *Teaching Character and Virtue in Schools,* Londres, Routledge, 2017.

Johnson G. P., « The Myth of Common Grace », *The Trinity Review*, mars/avril 1987, consulté le 27 novembre 2018, http://trinityfoundation.org/PDF/The%20Trinity%20Review%200055a%20TheMythofCommonGrace.pdf.

Kelsey D., « Reflections on a Discussion of Theological Education as Character Formation », *Theological Education* 25, n° 1, 1988, p. 62-75.

Kiss E., Euben P., *Debating Moral Education,* Durham/Londres, Duke University Press, 2010.

Kuyper A., *Common Grace: God's Gifts for a Fallen World,* Ashland, Lexham Press, 2015.

Kuyper A., « Sphere Sovereignty », dans *Abraham Kuyper: A Centennial Reader*, sous dir. James D. Bratt, p. 461-490, Grand Rapids, MI, Eerdmans, 1998.

Lindbeck G., « Spiritual Formation and Theological Education », *Theological Education*, Supplément 1, 1988, p. 10-23.

Luo S., « Confucius's Virtue Politics: Ren as Leadership Virtue », *Asian Philosophy* 22, n° 1, février 2012, p. 15-35.

MacIntyre A., *After Virtue,* Londres, Duckworth, 2007.

Mouw Richard, J., « Some Reflections on Sphere Sovereignty », dans *Religion, Pluralism and Public Life: Abraham Kuyper's Legacy for the Twenty-First Century*, sous dir. Luis E. Lugo, p. 160-182, Grand Rapids, MI, Eerdmans, 2000.

NEUHAUS R. J., *Theological Education and Moral Formation,* Grand Rapids, MI, Eerdmans, 1992.

O'BRIEN Peter, *The Epistle to the Philippians: A Commentary on the Greek Text,* The New International Greek Testament Commentary, Grand Rapids, MI, Eerdmans, 1991.

OTT B., *Understanding and Developing Theological Education,* Carlisle, Langham Global Library, 2016.

OXENHAM M., *Character and Virtue in Theological Education,* Carlisle, Langham Global Library, 2019.

SHELDRAKE P., *A Brief History of Spirituality,* Oxford, Blackwell, 2007.

WARD B., *The Sayings of the Desert Fathers,* Kalamazoo, MI, Cicercian, 1975.

WRIGHT N. T., *After You Believe,* New York, Harper Collins, 2010.

5

La formation de l'identité pastorale dans le cadre de l'enseignement théologique

Marilyn Naidoo

Qu'est-ce qui permet à quelqu'un d'évoluer à partir d'une simple connaissance de la Bible, de la pratique ecclésiale et pastorale jusqu'à devenir un véritable pasteur ? Un dirigeant responsable, sûr de son identité personnelle, agissant avec l'autorité appropriée et vivant sa vocation avec passion et intégrité ? La formation d'un pasteur exige une réflexion sur l'intégration de la théorie et de la pratique, de la compétence et de la sagesse, du savoir-être et du savoir-faire émanant d'une identité pastorale sûre. Ce chapitre souligne que l'expérience de la formation théologique est un moment essentiel pour développer la conscience de soi chez les étudiants, pour qu'ils puissent affirmer les différents aspects fragiles de leur personnalité et leur rôle vis-à-vis de leurs différents cercles de responsabilité et de ministère. Ce travail est connu sous le nom de « formation de l'identité », qui implique à la fois les processus de la communauté étudiante et de l'école théologique.

Pour éviter toute confusion, il est important de noter que la formation de l'identité s'inscrit dans le vaste domaine de la formation ministérielle ou pastorale. La formation de responsables est le concept général. Il s'agit d'une activité à multiples facettes impliquant la pensée critique, l'acquisition de connaissances, le développement de compétences pastorales et la formation de l'identité religieuse, ainsi que le développement de la maturité spirituelle que l'on est en droit d'attendre des responsables de l'Église[1]. Les pratiques formatives engagent la personne tout entière et n'isolent pas simplement les aspects spirituels, intellectuels ou professionnels de son existence. Les évangéliques, quant à eux, désignent ce vaste concept de développement par le terme de « formation spirituelle », un assortiment quelque peu vague[2] de personnes, de thèmes et de pratiques qui traite de la nature et de la dynamique de croissance dans la sainteté chrétienne. Toutefois, dans les traditions protestantes et catholiques dominantes[3], la formation spirituelle n'est considérée que comme une partie de la formation et ne concerne que la relation spirituelle d'une personne avec Dieu. Dans ce chapitre, j'adopte ce dernier point de vue, de sorte que la formation de l'identité n'est qu'une partie du travail complexe de la formation ministérielle. La formation ministérielle ou pastorale concerne « le développement continu de l'identité des personnes qui se dirigent vers ce que l'on peut appeler une plus grande authenticité, une identité plus authentique et une vocation pour l'authenticité[4] ». L'intégrité dans le ministère exige une réflexion continue sur la vie et la vocation afin que les ministres puissent se sentir, ainsi que l'exprime Parker Palmer, « bien chez eux dans leur propre âme[5] ». Pour être à l'aise dans son âme, il faut savoir qui l'on est, comment on est façonné et formé, quelles valeurs et quels préjugés on entretient, et ce que l'on croit à propos de ceux qui sont différents de soi. La formation de l'identité se développe ici autour de l'idée d'authenticité, qui vise à développer la cohérence intérieure de la personne.

Être un dirigeant chrétien n'est pas une question d'apparat extérieur et de privilèges de la fonction, mais un profond sentiment d'identité qui découle du fait de se conformer en tant que serviteur de l'Évangile. Pour certains, cela « se résume pragmatiquement à apprendre ce qu'un ministre doit accomplir, à savoir

---

1. Marilyn NAIDOO, « Ministerial Formation and Practical Theology », *International Journal of Practical Theology* 19, n° 1, 2015, p. 1-25.
2. « Vague » en raison de l'absence d'un système unifié de pratique spirituelle largement reconnu ; on laisse aux commentateurs et aux croyants individuels le soin de relier les principes bibliques aux aspects pratiques de la vie quotidienne dans un monde moderne. Il en résulte une grande variété d'interprétations, souvent contradictoires, qui sèment la confusion chez ceux qui essaient de comprendre l'enseignement biblique et de pratiquer la spiritualité évangélique. Voir David PARKER, « Evangelical Spirituality Reviewed », *The Evangelical Quarterly* 63, n° 2, 1991, p. 123-148.
3. Joretta MARSHALL, « Formative Practices: Intent, Structure, and Content », *Reflective Practice: Formation and Supervision in Ministry* 29, 2009, p. 56-72.
4. Parker PALMER, *The Courage to Teach: Exploring the Inner Landscape of a Teacher's Life*, San Francisco, Jossey-Bass, 2007, p. 50.
5. *Ibid.*, p. 56.

une image de soi bien construite[6] ». Il s'agit d'une approche du ministère basée sur des recettes et guidée par les programmes de chacun. Si l'on considère le dysfonctionnement personnel dans le ministère, le manque de compétences relationnelles et l'augmentation de l'inconduite du clergé, la tendance à cacher des parties du vrai soi a des répercussions sur le ministère public. En général, les postes de direction sont porteurs de tentations et offrent de nombreuses possibilités d'abus de toutes sortes[7]. Se tromper soi-même et tromper les autres, gaspiller son temps et ses ressources, manipuler les autres grâce à ses connaissances professionnelles et à son pouvoir, et bien d'autres formes de dépravation sont possibles.

La formation théologique doit fournir des bases solides pour l'identité pastorale, afin que les futurs pasteurs puissent faire preuve de discernement en se basant sur des visions bien formulées plutôt que sur des solutions « de facilité[8] ». De nombreuses institutions théologiques ont été passives et peu sûres de la manière de développer un enseignement formatif[9]. Il est donc important de comprendre les retombées de la formation de l'identité, car cette prise de conscience peut permettre aux enseignants théologiques, dans le cadre du processus de formation, d'aider les étudiants à définir leur rôle social de « pasteur » ou de « missionnaire » et à intégrer avec succès leur moi professionnel dans leurs identités multiples, afin qu'ils agissent avec authenticité.

Le clivage profane-religieux

Le concept de développement de l'identité ne peut être compris si l'on ne comprend pas la personne humaine et la psychologie humaine. Tout en établissant des liens entre l'objectif de favoriser la cohérence intérieure et celui de combler le fossé entre le profane et le religieux, il convient de noter deux défis importants : notre compréhension théologique de la personne humaine et notre

---

6. James R. ESTEP et Jonathan H. KIM, *Christian Formation: Integrating Theology and Human Development*, Nashville, B&H, 2010, p. 23.
7. Virginia S. CETUK, *What to Expect in Seminary: Theological Education as Spiritual Formation*, Nashville, Abingdon, 1998, p. 45.
8. Gregory JONES et Kevin ARMSTRONG, *Resurrecting Excellence: Shaping Faithful Christian Ministry*, Grand Rapids, MI, Eerdmans, 2006, p. 6.
9. Pour en savoir plus sur les diverses études faites dans les écoles protestantes aux États-Unis, par exemple, voir Walter LIEFELD et Linda CANNELL, « Spiritual Formation and Theological Education », dans J. I. PACKER et Loren WILKINSON, sous dir., *Alive to God: Studies in Spirituality*, Downers Grove, IL, InterVarsity Press, 1992, p. 239-252.

compréhension de la vocation. Si ces questions sont prises en compte, cela peut réduire le clivage entre le profane et le religieux et contribuer à donner plus de sens aux tentatives de formation.

Tout d'abord, nous affirmons que le christianisme est engagé dans le profane en raison de la création et de l'incarnation. Il est important de noter que dans la compréhension de la vie intérieure, la doctrine du salut a été mise en avant au détriment de la doctrine de la création. Ce choix a privé les efforts évangéliques de formation d'une compréhension suffisamment nuancée du statut de créature humaine, de son incarnation ou de sa socialité. Cette dichotomie reflète l'approche platonicienne[10] qui décrit la personne humaine comme dualiste, composée de l'esprit et du corps. La distinction fondamentale entre le matériel et le physique, entre l'âme et le corps et entre la vie intérieure de la réalité spirituelle et la vie extérieure du quotidien a posé problème. Le christianisme évangélique a été critiqué pour son attitude persistante d'angélisme[11], qui refuse de prendre la vie terrestre au sérieux et « confond la "chair" (*sarx*) avec le "corps" (*soma*), comme si tout ce qui est matériel était intrinsèquement mauvais et que le corps ne pouvait pas devenir le temple du Saint-Esprit[12] ».

La formation ministérielle, y compris la formation de l'identité, a un caractère humain dans la mesure où elle porte sur le processus de développement humain, car c'est là que nous vivons et ce dont nous vivons. En tant que créatures façonnées par Dieu, nos identités sont un mélange de notre patrimoine génétique, de notre histoire familiale, de notre culture, de notre éducation, de nos expériences – tout ce qui a contribué à faire de nous des personnes uniques. En tant qu'êtres humains, nous sommes construits de manière holistique, avec une intégralité et une complétude qui ne nous permettent pas d'être divisés en telle ou telle partie. Nous sommes des êtres humains dans notre intégralité, porteurs de l'image de Dieu, et nous avons une « position spéciale » dans la création[13]. La doctrine classique de l'*imago Dei* suggère que les êtres humains sont dotés d'un intellect et d'une volonté, de capacités et de désirs pour connaître et réaliser leur potentiel autant que possible dans un contexte de vie incarnée et ordinaire. En cette époque de dépersonnalisation, nous avons besoin d'une anthropologie

---

10. Rodney STARKE et Roger FINKE, *Acts of Faith: Explaining the Human Side of Religion*, Berkeley, CA, University of California Press, 2000, p. 112.
11. Mark A. NOLL, *Between Faith and Criticism,* Vancouver, Regent College Pub., 2004, p. 6.
12. PARKER, « Evangelical Spirituality », p. 126.
13. Stanley J. GRENZ, *Theology for the Community of God*, Grand Rapids, MI, Eerdmans, 1994, p. 177-180.

théologique fondée sur la pleine humanité de Jésus-Christ (c'est-à-dire l'accent christologique de l'*imago Dei*) qui oriente et réoriente fondamentalement ce que cela veut dire d'être pleinement et véritablement humain[14]. Il est important de noter que l'humanité du Christ (Col 2.9-10) relie le religieux au profane en transformant l'humanité et en la repositionnant dans le monde. L'œuvre du Christ est venue réhabiliter son image dans *toutes* les personnes. Ainsi, nous participons à la pleine humanité du Christ comme source et croissance de notre propre humanité, rassemblant le sacré et le profane dans les communautés.

Pendant trop longtemps, nous avons adopté l'anthropologie présumée des personnes en tant qu'*êtres pensants*. On part du principe que si une personne pense correctement, elle agira correctement. Cependant, la formation ministérielle ne se limite pas à enseigner aux étudiants une façon particulière de penser ; elle exige que ces façons de penser soient liées de manière constructive à des façons d'être et de faire. En s'appuyant sur les neurosciences cognitives et la psychologie sociale, Smith affirme que les humains, au fond, ne sont pas des êtres pensants, mais des « animaux liturgiques[15] ». Selon lui, l'anthropologie est « profondément incarnée dans la réalité physique de la personne humaine et ancrée dans le contexte social de la relation humaine[16] ». À cet égard, nous savons que la Bible affirme que le monde matériel a été créé par Dieu ; elle nous rappelle que Jésus avait un corps et qu'il en a encore un ; et elle promet que la vie éternelle comprend un nouveau corps et implique une nouvelle terre, ainsi que de nouveaux cieux. Savoir cela devrait influencer notre compréhension de notre humanité même. Cela ne diminue en rien l'implication du Saint-Esprit, mais reconnaît que l'humanité a été créée pour être en relation avec Dieu. En revanche, le clivage profane-sacré fait croire aux gens que l'art, la musique et les nombreuses façons dont les êtres humains expriment la créativité que Dieu leur a donnée n'ont pas leur place dans le royaume de Dieu – à moins qu'ils n'aient des thèmes ouvertement bibliques[17]. De même, le clivage profane-sacré conduit à une vision négative du corps et des plaisirs physiques.

Le défi de vivre cette approche intégrée de la transformation spirituelle peut être dû en partie à l'impatience spirituelle dans le long parcours de

---

14. Estep et Kim, *Christian Formation*, p. 35.
15. James K. A. Smith, *Desiring the Kingdom: Worship Worldview and Cultural Formation*, Grand Rapids, MI, Baker Academic, 2009, p. 65.
16. Smith, *Desiring the Kingdom*, p. 69.
17. Nancy R. Pearcey, *Total Truth: Liberating Christianity from Its Cultural Captivity*, Wheaton, IL, Crossway, 2004, p. 67.

transformation, une tendance qu'aggravent les pressions exercées par une culture d'hyperactivité incessante. Lorsqu'elle est associée au pragmatisme absolu de la culture occidentale, cette tendance peut se transformer en un anti-intellectualisme paresseux qui ne cherche guère plus qu'une poignée d'« étapes simples vers le succès spirituel » préemballées qui ne sont rien d'autre qu'une rationalité instrumentale de base axée sur le « bon comportement[18] ». En outre, étant donné que la formation spirituelle reste fermement ancrée dans l'Écriture comme seule autorité en matière de foi et de pratique, les sources extrabibliques telles que les idées concernant la croissance spirituelle dans la psychologie, l'histoire de l'Église, l'expérience subjective et la philosophie sembleraient encourager des pratiques et des principes qui ne sont pas explicitement approuvés par le texte biblique (par exemple la direction spirituelle, la tenue d'un journal, les retraites silencieuses) au lieu de se concentrer sur les principes bibliques normatifs de croissance. Cependant, selon Porter, notre préoccupation ultime devrait être de savoir si le principe ou la pratique peuvent être validés à partir de la révélation générale et spéciale de Dieu[19].

De plus, en établissant des liens entre le profane et le religieux, le concept de vocation est central. Lorsque les dirigeants et les pasteurs chrétiens parlent des raisons qui les poussent à embrasser le ministère, ils incluent couramment un aspect de « vocation » divine qui signifie « appelé à sortir » d'un travail ordinaire pour exercer un ministère à plein temps – en d'autres termes, il ne s'agit pas d'un appel général à n'importe quel ministère. Le terme « vocation » vient du mot latin signifiant « appel », construit comme quelque chose d'individuel, de profondément personnel, une expérience unique et essentielle pour la consécration pastorale. Mais il n'en demeure pas moins que nous incarnons souvent, sans y réfléchir, le clivage entre ce qui est sacré et ce qui est profane. Le chapitre de John Stott intitulé « Guidance, Vocation and Ministry[20] » est utile, car il souligne que la volonté générale de Dieu pour tous les chrétiens est qu'ils grandissent en

---

18. Compte tenu de cette conception de la vie chrétienne, si le croyant échoue dans son entreprise (ce qu'il fera sans doute), la seule aide qui lui est offerte est une exhortation à se confesser, à se repentir et à faire plus d'efforts la prochaine fois. Voir l'analyse de John COE dans « Resisting the Temptation of Moral Formation: Opening to Spiritual Formation in the Cross and Spirit », *Journal of Spiritual Formation and Soul Care* 1, n° 1, 2008, p. 54-78.
19. Steve L. PORTER, « Sanctification in a New Key: Relieving Evangelical Anxieties over Spiritual Formation », *Journal of Spiritual Formation Soul Care* 1, n° 2, 2008, p. 129-148.
20. John STOTT, « Guidance, Vocation and Ministry », dans *The Contemporary Christian*, Downers Grove, IL, InterVarsity Press, 1992, p. 128-140.

ressemblance au Christ. Stott explique que Dieu a une volonté particulière pour chaque chrétien, ce qui constitue sa « vocation » propre. Dans l'usage biblique du terme « vocation », observe Stott, « l'accent n'est pas mis sur l'humain (ce que nous faisons), mais sur le divin (ce que *Dieu* nous a appelés à faire) ».

Ce qui importe, c'est que nos appels individuels soient tout ce que Dieu voudrait que chacun de nous fasse pour accomplir le mandat culturel et l'ordre missionnaire. C'est cette prise de conscience qui a poussé le réformateur Martin Luther à insister sur le fait que « les tailleurs, les cordonniers, les maçons, les charpentiers, les cuisiniers, les aubergistes, les fermiers et tous les artisans temporels ont été "consacrés" au travail et à la fonction de [leur] métier[21] », tout comme les pasteurs l'ont été à leur fonction. Luther a reconnu que lorsque nous utilisons correctement le terme « vocation », nous ne pouvons plus penser que seuls certains emplois sont sacrés, alors que d'autres seraient profanes. Vinoth Ramachandra suggère que les théologiens doivent « aider les artistes, les économistes, les médecins et les autres professionnels à réfléchir dans une perspective chrétienne à leurs vocations "laïques"[22] ». Et pourtant, la formation théologique tend à ne donner le pouvoir qu'à une élite, et non à l'ensemble du peuple de Dieu. Une personne qui ressent un appel divin « dans sa vie » sert Dieu « en tant que conducteur spirituel ». Et nous constatons la séparation courante entre ceux qui servent à plein temps et ceux qui occupent des postes « laïques ». En déconstruisant cette dichotomie, nous prenons conscience que Dieu se soucie de tout le travail que nous faisons[23]. Au plus profond de la personne, il est question de croyances, d'identité et de mission, et de questions très personnelles sur le but que le pasteur ou l'ouvrier chrétien veut atteindre, ou même sur ce qu'il considère comme sa vocation personnelle dans le monde. La question porte sur ce qui, au fond de nous, nous pousse à faire ce que nous faisons.

Le clivage profane-sacré met directement en lumière ces deux questions de la personne humaine et de la vocation qui sont toutes deux profondément liées au concept d'identité. Ce chapitre propose un modèle de formation identitaire qui permet aux étudiants en théologie de se former à un niveau collectif et individuel. Si les enseignants théologiques peuvent approfondir leur sensibilisation à la manière dont l'identité est façonnée dans les écoles théologiques, cette prise de

---

21. Cité dans Richard T. Hughes, *The Vocation of a Christian Scholar: How Christian Faith Can Sustain the Life of the Mind*, Grand Rapids, MI, Eerdmans, 2005, p. 45.
22. Howard Peskett et Vinoth Ramachandra, *The Message of Mission*, Bangalore, SAIACS Press, 2003, p. 35.
23. George M. Marsden, *Evangelicalism and Modern America*, Grand Rapids, MI, Eerdmans, 1984, p. xiv.

conscience peut donner lieu à de nouvelles pratiques qui peuvent alors réduire le clivage entre le profane et le sacré.

Formation identitaire

La caractéristique unique de la profession pastorale implique l'identité du pasteur, qui s'applique à la personne, et sa compétence de pasteur, qui, à son tour, a un impact sur la profession. L'identité fait référence à un sentiment de plénitude personnelle, et il existe des distinctions entre l'identité personnelle, l'identité pastorale et l'identité théologique[24]. Deux questions sont importantes à cet égard : « Qui suis-je ? » et « Que suis-je censé faire ? » Heitink prévient qu'il faut prendre conscience que les trois états d'existence – être en même temps un pasteur, un croyant et un être humain – interagissent constamment comme des stimuli, alors que des facteurs externes de nature sociale ou théologique peuvent aggraver la crise[25].

Ainsi, l'identité est une construction complexe : une formation et une reformation continues de la personne. Elle est « multiple, dynamique, relationnelle, située, ancrée dans des relations de pouvoir, mais négociable[26] ». Le modèle classique d'Erikson[27] voit l'identité comme une unité intérieure qui est déstabilisée par les conflits développementaux, tandis que Parker Palmer[28] considère l'identité comme un « nœud évolutif où toutes les forces convergent dans le mystère du soi ». Quant à Charles Foster et ses collègues[29], dans *Educating Clergy* [Former le clergé], ils soutiennent que la formation est au centre de l'éducation du clergé, car, par rapport à d'autres professions, la formation du clergé est particulièrement concernée par « le sens, le but et l'identité ». L'éducation du clergé, affirment-ils, devrait impliquer bien plus que des connaissances cognitives, car son objectif premier est de permettre à l'étudiant de devenir une personne qui pense, ressent et agit d'une certaine manière.

Il est important de noter que les étudiants sont toujours façonnés et formés à l'intérieur et à l'extérieur du cadre éducatif, que ce soit intentionnel ou non.

---

24. Gerben HEITINK, *Practical Theology: History, Theory, Action Domains – Manual for Practical Theology*, Grand Rapids, MI, Eerdmans, 1993, p. 311.
25. HEITINK, *Practical Theology*, p. 312.
26. Steph LAWLER, *Identity: Sociological Perspectives*, Cambridge, Polity, 2008, p. 45.
27. Erik H. ERICKSON, *Identity: Youth and Crisis*, New York, Norton, 1968.
28. PALMER, *Courage to Teach*, p. 13.
29. Charles FOSTER, Lisa DAHILL, Larry GOLEMON et Barbara TOLENTINO, *Educating Clergy: Teaching Practices and Pastoral Imaginations*, San Francisco, Jossey-Bass, 2006, p. 101.

Les enseignants théologiques supposent que les personnes ont été façonnées et formées dans le contexte de l'Église locale et qu'elles ont développé leur spiritualité avant d'arriver à l'école théologique, mais cela peut ne pas être le cas. Ce qui est vrai, c'est que les étudiants des institutions théologiques arrivent déjà formés par une variété d'expériences de vie et de culture populaire, et ont intériorisé des points de vue sur la théologie, les traditions de l'Église, la race, la classe sociale et économique, la diversité religieuse, etc. Ils supposent que les institutions théologiques les aideront à intégrer leur spiritualité, leur caractère et leurs luttes personnelles, et sont souvent déçus de découvrir que l'enseignement théologique ne les a pas aidés à cet égard.

Lorsque les étudiants en théologie passent des études théologiques au monde du ministère au sein des paroisses, on accorde très peu d'attention à la manière dont ils se construisent une personnalité publique de pasteur ou dont ils développent une cohérence intérieure. L'intégration de l'apprentissage est laissée à la charge de l'étudiant, avec peu de réflexion sur les questions d'identité et de formation. Ils peuvent ressentir de l'anxiété ou un état dépressif considérable au cours de leurs premières années de ministère. Ils peuvent peiner à faire la différence entre identité personnelle et identité pastorale. Leur compréhension de soi et de l'entretien de relations appropriées en lien avec leur vocation n'est pas si claire. Les étudiants sont donc en droit de se demander par exemple : comment mon identité de jeune femme noire africaine issue d'une tradition évangélique théologiquement conservatrice façonne-t-elle ma façon de voir le monde et d'agir dans le ministère chrétien ? Comment mon identité et mon genre sont-ils reçus dans le contexte de mon Église, aurai-je une chance d'être moi-même ? Dans mon contexte d'Afrique du Sud, avec son histoire politique oppressive et la peur psychologique du racisme, la résolution des problèmes d'identité est le début d'un authentique ministère chrétien[30]. Les étudiants doivent travailler sur leurs préoccupations personnelles et la cohérence intérieure à partir de laquelle ils agissent. En effet, l'identité englobe la manière dont les gens se comprennent eux-mêmes, dont ils interprètent leurs expériences, dont ils se présentent et souhaitent être perçus par les autres et dont ils sont reconnus par la communauté au sens large. Si les gens n'ont pas accepté ce qu'ils sont en tant qu'individus, aucune préparation ne leur sera utile. Au contraire, cela ne fera que souligner leur inadéquation et leur manque de pertinence.

---

30. Marilyn Naidoo, « An Empirical Study on Spiritual Formation at Theological Training Institutions in South Africa », *Religion and Theology* 18, n° 4, 2011, p. 118-146.

Un modèle de formation identitaire

Il est important de noter que l'identité se forme par le biais de la cognition individuelle et de processus socioculturels qui construisent le savoir[31]. En raison du manque de place ici, je mentionnerai brièvement la Perspective de la Personnalité et de la Structure Sociale (PPSS) de la formation de l'identité[32], qui constitue un cadre utile pour mieux comprendre les difficultés et les complexités de la formation de l'identité. Le modèle PPSS « conceptualise les processus qui sous-tendent le développement de l'identité professionnelle des étudiants de deux manières[33] » :

1. au niveau collectif, qui implique une socialisation de la personne dans des rôles et des formes de participation adaptés à l'environnement ;
2. au niveau de l'individu, qui implique le développement psychologique de la personne et nécessite des interventions pédagogiques et méthodologiques.

Au niveau collectif

La formation de l'identité est de nature essentiellement sociale et relationnelle et est fortement influencée par l'institution et l'environnement social, économique et politique plus large. Au sein de la structure sociale ou de la culture institutionnelle, il existe des modes réglementés de relations et d'organisation de la vie sociale – les règles non écrites. Les nouveaux venus dans le groupe sont censés apprendre ce qui est acceptable pour ce groupe en observant le comportement de ce dernier et en s'adaptant en conséquence.

Dans la structure sociale, il existe des systèmes de reconnaissances et de méconnaissances le long des lignes de fracture de la race, du genre, de la sexualité, de la classe, de l'ethnicité, etc. « L'une des façons dont le pouvoir de régulation fonctionne est de catégoriser les gens selon des critères qui leur permettent de se comprendre eux-mêmes[34]. » Les identités sont façonnées par les perceptions des espaces qu'elles occupent. Les gens sont soumis aux règles et aux normes engendrées par la connaissance de ces identités. Par exemple, en tant que femme,

---

31. LAWLER, *Identity*, p. 34.
32. James S. HOUSE, « The Three Faces of Social Psychology », *Sociometry* 40, n° 2, 1977, p. 161-177.
33. James E. COTE et Charles G. LEVINE, *Identity, Formation, Agency and Culture*, Mahwah, NJ, Lawrence Erlbaum Associates, 2002, p. 20.
34. Michel FOUCAULT, *Power/Knowledge*, Brighton, Harvester Wheatsheaf, 1980, p. 11.

on attend de moi que j'agisse d'une certaine manière et que je comprenne mon identité en conséquence. Ces identités sont apprises et sont le résultat de pratiques sociales.

Grâce aux *interactions* dans la structure sociale, les étudiants commencent à *intérioriser* les attentes sociales, les comportements et les valeurs de la profession et sont *socialisés* dans la culture institutionnelle et la tradition de l'Église. À ce stade, ils sont très sensibles à la façon dont les autres les perçoivent et se demandent s'ils font les choses comme il faut. Il est probable qu'ils voudront connaître les règles d'action et de comportement appropriés : ils se tourneront vers les figures d'autorité pour obtenir des instructions et l'assurance qu'ils se débrouillent bien et s'intègrent bien. Leur *construction sociale de la réalité* est une conséquence importante de leur interaction quotidienne avec les autres.

Au niveau individuel

La formation de l'identité individuelle se fait au niveau de la personnalité « qui implique le domaine intrapsychique du fonctionnement humain traditionnellement étudié par les psychologues et les psychanalystes du développement, et qui est appelé psyché, soi, structure cognitive, etc., selon l'école de pensée[35] ».

Au cours des interactions, les étudiants tentent de gérer l'impression que les autres ont d'eux et de l'identité qu'ils cherchent à projeter. Cet aspect performatif du soi peut devenir inconscient avec la répétition continuelle des rôles et peut être influencé par la culture institutionnelle. Les étudiants doivent parvenir à un concept de soi social et à un sentiment d'estime de soi qui sont les forces motrices du processus. L'identité de la personne peut être classée en trois niveaux[36] :

- *L'identité sociale* fait référence à la position de la personne dans la culture et à la pression exercée pour s'adapter aux rôles culturels acceptés. Ici, le style personnel permet l'individualité.
- *L'identité personnelle* fait référence à la correspondance entre l'identité sociale d'une personne en tant qu'« étudiant en théologie » et son histoire de vie unique.
- *L'identité du moi* est un sentiment de continuité fondamentalement subjectif qui est caractéristique de la personnalité. Elle est affectée par des facteurs intrapsychiques et des dispositions biologiques.

---

35. COTE et LEVINE, *Identity, Formation*, p. 65.
36. *Ibid.*, p. 73-75.

Les étudiants savent également comment se « comporter » et « survivre » dans cet environnement. C'est particulièrement vrai lorsqu'il s'agit d'être recommandé pour la consécration au ministère et que les étudiants ne veulent pas compromettre leurs chances. Ils peuvent perdre leurs repères identitaires, dépendre de la validation et de l'orientation concrètes des autres au quotidien plutôt que de maintenir un cadre de référence interne[37], avec une tendance à cacher certaines parties de leur véritable personnalité. Cela s'explique par le fait que le concept de soi et l'identité sociale d'une personne deviennent des questions de survie.

D'après le résumé ci-dessus, à travers les processus corporatifs et individuels, la structure sociale est maintenue ou modifiée, les interactions peuvent être normalisées (voire devenir discriminatoires) ou perturbées, et la personnalité de l'individu est maintenue ou le changement est encouragé. La structure sociale se reproduit lorsque le statu quo est maintenu, la culture institutionnelle transmise et les mécanismes de contrôle social appliqués[38]. L'étudiant devient progressivement plus compétent dans les tâches, le vocabulaire et les principes d'organisation de la communauté professionnelle. De cette façon, la compétence s'aligne davantage sur le rôle de pasteur dans un processus de formation de l'identité.

Implications pour la formation théologique

L'identité se développe dans les relations interactionnelles au fil du temps et est plus influencée par le curriculum implicite que par les expériences d'enseignement formel. La structure sociale de la culture de l'école théologique est le lieu où les étudiants sont formés, de manière positive ou négative. Au sein des institutions théologiques, il existe dans le cadre hiérarchique des modèles de comportement concrets, établis au fil du temps comme « la façon de faire les choses ». Certains groupes dans les organisations sont plus puissants que d'autres – la direction, la gestion, le personnel et la culture dominante, qui sont en mesure de manipuler les signaux et le message culturels que l'institution projette tant en interne qu'en externe. Dans la culture des institutions théologiques, les étudiants sont formés dans le cadre de l'éthique et des valeurs de la dénomination de l'Église au sens large, qui est souvent patriarcale et hiérarchique en raison de

---

37. *Ibid.*, p. 100.
38. Anthony GIDDENS, *The Constitution of Society: Outline of the Theory of Structuration*, Cambridge, Polity, 1964.

son autoritarisme[39]. Par exemple, en raison d'attitudes et de pratiques ecclésiales sexistes, les femmes sont souvent victimes d'abus de privilèges patriarcaux. Le problème est que l'on ne voit pas comment toutes sortes de langages et de comportements renforcent ce qui continue d'être un terrain de jeu inégal.

Il est important de noter que la relation entre le corps enseignant, le personnel et les étudiants communique des messages puissants sur la nature de l'équipe dirigeante et de la communauté. Comme l'affirme Shaw, « là où l'équipe dirigeante est distante et autoritaire, les étudiants tendront à suivre ce modèle, sans intégrer l'instruction donnée en cours concernant l'importance d'une direction collégiale. Si des conflits interpersonnels non résolus existent au sein de l'école, les étudiants ne prendront pas au sérieux les leçons appelant à mettre la réconciliation et la conciliation au centre de la direction des communautés ecclésiales chrétiennes[40] ». Les étudiants en viennent rapidement à comprendre les relations de pouvoir au sein de la communauté théologique et adoptent inconsciemment ce modèle dans leur travail.

Il convient de noter que l'interaction sociale est fondamentale dans le processus de développement de l'identité. Les institutions théologiques doivent être attentives à la nature socialement construite de l'identité[41], car il est impossible de se connaître soi-même en dehors de la socialisation culturelle et de genre qui guide notre vie. L'identité étant socialement construite, elle peut être socialement déconstruite et reconstruite ou modifiée pour permettre des interactions positives pour la formation de l'identité. Nous devons faire face aux systèmes d'oppression, tels que le racisme et le sexisme institutionnels ancrés dans nos établissements. Nous devrons peut-être reconnaître « que les politiques institutionnelles peuvent être tributaires de la culture et refléter la culture dominante[42] » et peuvent, sans le vouloir, privilégier certains groupes. Selon Christerson et d'autres auteurs, « la transformation des identités [est] plus susceptible de se produire lorsque les personnes appartenant au groupe social dominant de la société sont

---

39. Marilyn NAIDOO, « An Ethnographic Study on Managing Diversity in Two Protestant Theological Colleges », *HTS Theological Studies* 72, n° 1, 2016, p. 1-7.
40. Perry SHAW, *Transformer la formation théologique*, trad. Célia Evenson, Carlisle, Langham Global Library, 2015, p. 94.
41. Elizabeth J. TISDELL et Derise E. TOLLIVER, « Claiming a Sacred Face: The Role of Spirituality and Cultural Identity in Transformative Adult Higher Education », *Journal of Transformative Education* 1, n° 4, 2003, p. 368-392.
42. Allison N. ASH et Laurie A. SCHREINER, « Pathways to Success for Students of Colour in Christian Colleges: The Role of Institutional Integrity and Sense of Community », *Christian Higher Education* 15, n° 1-2, 2016, p. 41.

conscientes de leur position privilégiée et prêtes à faire des compromis[43] ». La prise de conscience des messages et l'engagement dans des discussions difficiles contribueront à l'inclusion.

Dans la salle de classe, il s'agirait également d'impliquer les étudiants tels qu'ils sont et de décortiquer leurs situations sociales. Cela permettrait de mettre en avant les questions d'identité, afin que les étudiants puissent s'engager dans les intersections entre leurs croyances religieuses, leurs constructions théologiques et les réalités sociales. Les étudiants sont des êtres humains qui apportent avec eux leurs propres expériences et histoires de vie, y compris leurs multiples forces et vulnérabilités. Voir comment leur propre situation sociale les prédispose à interpréter les comportements peut les aider. Et à mesure qu'ils approfondissent leur réflexion, des ensembles distincts de valeurs, de visions de « l'autre » et de compréhensions du monde commencent à émerger. L'idée ici est que si les étudiants peuvent commencer à articuler et à affirmer leurs propres identités culturelles diverses – leur moi essentiellement multiforme – ils seront alors mieux à même de dialoguer avec les « autres » qui sont également différents d'eux. Si tout le monde est « interculturel » d'une manière ou d'une autre, il devient alors plus difficile de réduire les « autres » à des stéréotypes. Changer le regard que l'on porte sur l'autre nécessite un effort conscient permanent, et cela ne peut commencer que lorsqu'un élève commence à remettre en question ses projections de la différence. Bien entendu, cela impliquera une remise en cause du sens, des connaissances et des zones de confort, mais la liberté de faire savoir *qui* je suis, de reconstituer et de faire connaître mon histoire de vie personnelle en tant qu'identité, me donne le droit d'être quelqu'un, à part entière. L'égalité de dignité implique que l'identité unique de chaque individu soit reconnue. Ce processus de conscientisation[44] permet aux étudiants de réfléchir à leur situation sociale et à la construction de leur identité, de la confrontation au système jusqu'à la prise de conscience de soi et à la réarticulation[45]. Par exemple, lorsque les diplômés sont en transition vers le ministère, il serait bon qu'ils réfléchissent aux enjeux du cycle de vie auxquels ils sont confrontés. Une personne entrant dans le ministère à l'âge mûr verra les études supérieures d'un œil différent, tout

---

43. Brad CHRISTERSON, Korie L. EDWARDS et Michael O. EMERSON, *Against All Odds: The Struggle for Racial Integration in Religious Organizations*, New York, New York University Press, 2005, p. 161.
44. Paulo FREIRE, *Pedagogy of the Oppressed*, New York, Continuum, 1970.
45. Jack A. HILL, « Fighting the Elephant in the Room: Ethical Reflections on White Privilege and Other Systems of Advantage in the Teaching of Religion », *Teaching Theology & Religion* 12, n° 1, 2009, p. 3-23.

comme l'encadrement aura un impact différent sur son ministère. C'est ici que les étudiants peuvent réfléchir à leur identité sociale et à la manière dont les zones de vulnérabilité psychologique façonnent cette transition.

Enfin, puisque la formation de l'identité est produite à la fois par la cognition personnelle *et* par les processus socioculturels qui construisent le savoir, les enseignants théologiques doivent maximiser les opportunités qui existent dans les divers cadres relationnels. Étant donné que les modèles et les mentors jouent un rôle important en faisant preuve d'un comportement approprié, les éducateurs doivent fournir un *feedback* adéquat, des exercices de réflexion et des occasions d'expérimenter. Ils doivent offrir l'espace pédagogique nécessaire à la compréhension des identités en développement. Les ateliers de prise de conscience de soi sont utiles. Les éducateurs doivent également s'intéresser aux structures discriminatoires au sein de l'institution et soutenir le travail intra-personnel dans lequel l'étudiant tente d'apporter des changements conceptuels à ses croyances et à ses actions.

Conclusion

L'éducation, dans son sens le plus large, concerne la transformation du moi en de nouveaux modes de pensée et de relation. Le modèle de développement de l'identité de la PPSS souligne l'importance du contexte socioculturel en tant qu'environnement de formation *et* des processus de fonctionnement interne sur l'individu. Cette sensibilisation à la manière dont la culture institutionnelle de l'école façonne les étudiants de manière collective et individuelle est une tentative de visualiser notre responsabilité pour former les étudiants de manière plus holistique. De cette manière, nous commençons à combler le fossé entre le profane et le religieux, en impliquant la personne humaine en développement dans une formation holistique. Une fois que nous ouvrons la voie à la manière de devenir une personne, nous ouvrons la porte à une discussion plus profonde et plus complexe impliquant l'action de l'Esprit Saint, le rôle de la volonté humaine, la place de la Parole de Dieu, la nature du cœur et la nécessité des relations avec les autres. Comme nous le rappelle Willard, « les dimensions intérieures de l'être humain entraînent la transformation de toute la personne, y compris le corps dans son contexte social[46] ». Les enseignants théologiques pourraient également encourager le développement de pratiques de formation continue qui contribuent

---

46. Dallas WILLARD, *The Spirit of Discipline: Understanding How God Changes Lives*, New York, Harper, 1988.

à nourrir le sens de la vocation de dirigeant, ce qui donne une vision plus riche des qualités du responsable chrétien.

Questions pour la réflexion personnelle et la discussion en groupe

1. Dans quelle mesure la formation de l'identité pour le ministère est-elle présente en tant que priorité particulière dans le programme et la culture de votre institution théologique ?

2. Si elle est présente (peut-être sous un autre nom), la formation identitaire est-elle comprise comme étant liée à d'autres aspects de la formation ministérielle, comme la formation spirituelle ?

3. Évaluez comment une plus grande importance accordée à la formation identitaire pourrait contribuer à la compréhension de soi des étudiants et des diplômés, en ce qui concerne leurs divers appels et vocations ministérielles, ainsi que leurs rôles et responsabilités au sein de la société en tant que chrétiens croyants et dirigeants chrétiens. Est-ce que mettre l'accent sur la formation identitaire pourrait poser certains problèmes dans votre contexte ?

4. En vous basant sur l'observation de votre propre contexte culturel ou du contexte particulier de votre Église, discutez des idées fausses qui sont courantes en matière de direction chrétienne et de formation de disciples et qui servent à accentuer le clivage sacré-profane. Quelles hypothèses sous-jacentes contribuent à cette vision dualiste de la vie et du ministère chrétiens ?

5. Priez pour les dirigeants chrétiens de différentes dénominations dans vos Églises locales, votre ville et votre pays.

6. Réfléchissez aux moyens par lesquels une compréhension équilibrée et holistique de l'encadrement et de la formation de disciples chrétiens pourrait être étendue et renforcée au sein de la culture institutionnelle et des programmes de formation des Églises locales grâce au ministère et à l'influence des enseignants, des étudiants et des diplômés de votre établissement.

7. Dans le cadre fourni par le modèle PPSS, donnez des exemples d'identité personnelle collective et individuelle que vous considérez comme des aspects essentiels d'une compréhension biblique de la vocation, du ministère et du leadership chrétiens. Discutez des implications des exemples mentionnés concernant les façons dont les chrétiens se situent par rapport à la société, lorsqu'ils vivent et exercent leur ministère au-delà des quatre murs de l'église.

8. Priez pour que vous ayez la sagesse d'appliquer ces nouvelles idées à votre propre ministère et à votre enseignement, ainsi qu'à la vie institutionnelle de votre école.

Références

Asʜ Allison N., Scʜʀᴇɪɴᴇʀ Laurie A., « Pathways to Success for Students of Colour in Christian Colleges: The Role of Institutional Integrity and Sense of Community », *Christian Higher Education* 15, no° 1-2, 2016, p. 38-61.

Cᴇᴛᴜᴋ Virginia S., *What to Expect in Seminary: Theological Education as Spiritual Formation*, Nashville, Abingdon, 1998.

Cʜʀɪsᴛᴇʀsᴏɴ Brad, Eᴅᴡᴀʀᴅs Korie L., Eᴍᴇʀsᴏɴ Michael O., *Against All Odds: The Struggle for Racial Integration in Religious Organizations*, New York, New York University Press, 2005.

Cᴏᴇ John, « Resisting the Temptation of Moral Formation: Opening to Spiritual Formation in the Cross and Spirit », *Journal of Spiritual Formation and Soul Care* 1, n° 1, 2008, p. 54-78.

Cᴏᴛᴇ James E., Lᴇᴠɪɴᴇ Charles G., *Identity, Formation, Agency and Culture*, Mahwah, NJ, Lawrence Erlbaum Associates, 2002.

Eʀɪᴄᴋsᴏɴ Erik H., *Identity: Youth and Crisis*, New York, Norton, 1968.

Eꜱᴛᴇᴘ James R., Kɪᴍ Jonathan H., *Christian Formation: Integrating Theology and Human Development*, Nashville, B&H, 2010.

Fᴏsᴛᴇʀ Charles, Dᴀʜɪʟʟ Lisa, Gᴏʟᴇᴍᴏɴ Larry, Tᴏʟᴇɴᴛɪɴᴏ Barbara, *Educating Clergy: Teaching Practices and Pastoral Imaginations*, San Francisco, Jossey-Bass, 2006.

Fᴏᴜᴄᴀᴜʟᴛ Michel, *Power/Knowledge*, Brighton, Harvester Wheatsheaf, 1980.

Fʀᴇɪʀᴇ Paulo, *Pedagogy of the Oppressed*, New York, Continuum, 1970.

Gɪᴅᴅᴇɴs Anthony, *The Constitution of Society: Outline of the Theory of Structuration*, Cambridge, Polity, 1964.

Gʀᴇɴᴢ Stanley J., *Theology for the Community of God*, Grand Rapids, MI, Eerdmans, 1994.

Hᴇɪᴛɪɴᴋ Gerben, *Practical Theology: History, Theory, Action Domains – Manual for Practical Theology*, Grand Rapids, MI, Eerdmans, 1993.

Hɪʟʟ Jack A., « Fighting the Elephant in the Room: Ethical Reflections on White Privilege and Other Systems of Advantage in the Teaching of Religion », *Teaching Theology & Religion* 12, n° 1, 2009, p. 3-23.

HOUSE James S., « The Three Faces of Social Psychology », *Sociometry* 40, n° 2, 1977, p. 161-177.
HUGHES Richard T., *The Vocation of a Christian Scholar: How Christian Faith Can Sustain the Life of the Mind*, Grand Rapids, MI, Eerdmans, 2005.
JONES Gregory, ARMSTRONG Kevin, *Resurrecting Excellence: Shaping Faithful Christian Ministry*, Grand Rapids, MI: Eerdmans, 2006.
LAWLER Steph, *Identity: Sociological Perspectives*, Cambridge, Polity, 2008.
LIEFELD Walter, CANNELL Linda, « Spiritual Formation and Theological Education », dans *Alive to God: Studies in Spirituality*, sous dir. J. I. Packer et Loren Wilkinson, p. 239-252, Downers Grove, IL, InterVarsity Press, 1992.
MARSDEN George M., *Evangelicalism and Modern America*, Grand Rapids, MI, Eerdmans, 1984.
MARSHALL Joretta, « Formative Practices: Intent, Structure, and Content », *Reflective Practice: Formation and Supervision in Ministry* 29, 2009, p. 56-72.
NAIDOO Marilyn, « An Empirical Study on Spiritual Formation at Theological Training Institutions in South Africa », *Religion and Theology* 18, n° 4, 2011, p. 118-146.
NAIDOO Marilyn, « An Ethnographic Study on Managing Diversity in Two Protestant Theological Colleges », *HTS Theological Studies* 72, n° 1, 2016, p. 1-7.
NAIDOO Marilyn « Ministerial Formation and Practical Theology », *International Journal of Practical Theology* 19, n° 1, 2015, p. 1-25.
NOLL Mark A., *Between Faith and Criticism*, Vancouver, Regent College Pub., 2004.
PALMER Parker, *The Courage to Teach: Exploring the Inner Landscape of a Teacher's Life*, San Francisco, Jossey-Bass, 2007.
PARKER David, « Evangelical Spirituality Reviewed », *The Evangelical Quarterly* 63, n° 2, 1991, p. 123-148.
PEARCEY Nancy R., *Total Truth: Liberating Christianity from Its Cultural Captivity*, Wheaton, IL, Crossway, 2004.
PESKETT Howard, RAMACHANDRA Vinoth, *The Message of Mission*, Bangalore, SAIACS Press, 2003.
PORTER Steve L., « Sanctification in a New Key: Relieving Evangelical Anxieties over Spiritual Formation », *Journal of Spiritual Formation Soul Care* 1, n° 2, 2008, p. 129-148.

SHAW Perry, *Transformer la formation théologique*, trad. Célia Evenson, Carlisle, Langham Global Library, 2015.

SMITH James K. A., *Desiring the Kingdom: Worship Worldview and Cultural Formation*, Grand Rapids, MI, Baker Academic, 2009.

STARKE Rodney, FINKE Roger, *Acts of Faith: Explaining the Human Side of Religion*, Berkeley, CA, University of California Press, 2000.

STOTT John, *The Contemporary Christian*, Downers Grove, IL, InterVarsity Press, 1992.

TISDELL Elizabeth J., TOLLIVER Derise E., « Claiming a Sacred Face: The Role of Spirituality and Cultural Identity in Transformative Adult Higher Education », *Journal of Transformative Education* 1, n° 4, 2003, p. 368-392.

WILLARD Dallas, *The Spirit of Discipline: Understanding How God Changes Lives*, New York, Harper, 1988.

Section 3

Un appel à l'Église

Dans le monde de l'ICETE, il y a une discussion récurrente, et un accord général, sur l'importance d'une formation théologique à la fois ecclésiale et « missionnelle ». Dans cette section, nos auteurs attirent l'attention sur l'importance de ces deux objectifs de la formation théologique. Le premier est centré sur la théologie du travail et l'importance qu'elle revêt pour préparer la majorité des chrétiens à la vie sur leur lieu de travail. Le second développe l'importance « missionnelle » du lieu de travail et la nécessité pour l'Église de préparer les chrétiens à ce ministère.

Au chapitre 6, Tink et Reju abordent le sujet important de la théologie du travail. S'appuyant sur de nombreux points de vue bibliques, ils s'interrogent sur les ministres *gauchers*, c'est-à-dire ceux qui ne sont pas pasteurs professionnels. Ils s'intéressent aux personnes qui constituent, après tout, la majorité de l'Église. Le chapitre donne un aperçu historique des approches du travail, montrant la réaffirmation par la Réforme de la valeur du travail et le regain d'intérêt pour ce domaine au cours des dernières décennies. Le travail des auteurs avec la fondation Mustard Seed [Graine de moutarde] démontre certaines initiatives pratiques qui encouragent l'Église à valoriser la théologie du travail. Ils terminent par de nombreux exemples d'autonomisation de travailleurs chrétiens dans leurs divers domaines de travail, renforçant « les gauchers ».

Greene et Shaw commencent par l'histoire poignante d'une jeune femme, Victoria, qui, en tant que coiffeuse, manifeste par des moyens pratiques et puissants sa vie en tant que chrétienne sur son lieu de travail. Là où une expérience religieuse et séculière cloisonnée déresponsabilise les chrétiens laïcs, une intégration solide jette les bases d'une joie et d'une efficacité bien plus grandes dans le ministère sur le lieu de travail. En total accord avec les auteurs précédents, ils appellent les écoles théologiques à prendre conscience de l'importance de ce rôle formateur. Ils proposent de nombreux défis et questions pratiques à considérer dans le contexte de l'institution théologique et de l'Église pour aider à dépasser le simple assentiment à l'importance de ce sujet en agissant en conséquence. Ils mettent en lumière le chemin à suivre pour permettre aux chrétiens de développer des pratiques plus « missionnelles » sur leur lieu de travail.

6

Guerriers gauchers, théologie du travail et la fondation Mustard Seed

Fletcher L. Tink et Oladotun Reju

Dans Juges 20.16, on raconte l'histoire de sept cents guerriers de Guibea, décrits comme des hommes d'élite qui, de la main gauche, pouvaient d'une pierre viser un cheveu et ne pas le manquer.

Cette histoire nous a intrigués. Pourquoi des gauchers ? Pourquoi étaient-ils si précis ? Pourquoi organiser une troupe autour d'une condition préalable aussi étrange ? Étaient-ils de meilleurs combattants que les droitiers ?

Il semble que, statistiquement, l'espérance de vie des gauchers soit plus courte, ce qui est parfois expliqué par un schéma neurologique différent, ou peut-être par le stress imposé par une société qui penche en faveur des droitiers. L'une des théories suggère que ces hommes étaient gauchers parce que, en tant que prisonniers de guerre lors de batailles précédentes, on leur avait coupé le bras droit pour s'assurer qu'ils ne se battraient plus jamais. Pourtant, étonnamment, ils se sont réadaptés au combat malgré leur déficience. Et ils étaient les meilleurs !

Depuis onze ans, la fondation Mustard Seed présente des séminaires de formation dans le monde entier pour attirer à nouveau l'attention de l'Église sur l'importance de former les personnes dites laïques afin qu'elles se considèrent comme des guerriers gauchers entraînés, en première ligne de la mission, et qu'elles le fassent avec une compréhension plus profonde du commandement biblique qui les engage. Ce chapitre soutient qu'en dépit de notre affirmation théologique du sacerdoce de tous les croyants, nous avons trop souvent eu recours à des chrétiens professionnels – ou à des soldats droitiers – pour communiquer l'Évangile au monde, non seulement par la proclamation verbale, mais aussi en insufflant l'esprit du Royaume dans les structures mêmes de la société.

Ce chapitre passe en revue certains principes théologiques, aborde la portée et l'étendue des initiatives de la fondation Mustard Seed dans le monde, reconnaît d'autres initiatives similaires et propose des études de cas sur la façon dont les Églises, les institutions, les entreprises et les communautés sont transformées par des guerriers gauchers.

Notre ambivalence à l'égard des gauchers

Si l'on admet que l'Église s'est souvent appuyée sur des professionnels droitiers pour être en première ligne du ministère et de la mission, nous devons nous demander si, en tant que chrétiens professionnels, nous n'avons pas réduit à néant une grande partie du potentiel des laïcs à exercer un ministère significatif dans des contextes extérieurs à l'Église institutionnelle. Nous avouons la présence d'une hiérarchie ecclésiastique implicite qui propose des missionnaires, des pasteurs, des évangélistes, des professeurs de théologie et des personnes qui reçoivent l'imprimatur officiel des organisations religieuses comme étant les véritables ministres. Aux côtés de ces professionnels du ministère, tous les autres apparaissent comme les seconds rôles. En effet, il semble que nous, les professionnels, parcourons le monde comme si nous étions en première classe, tandis que tous les autres voyagent à l'arrière de l'avion en classe économique.

Martin Luther a parlé du sacerdoce de tous les croyants. Pourtant, nous fonctionnons souvent dans deux mondes différents. Un groupe de chrétiens voit son contexte de ministère comme « l'Église rassemblée », tandis que d'autres passent la plus grande partie de leur vie en dehors de l'Église formelle, dans le monde du travail, dans ce qu'on pourrait appeler « l'Église dispersée ». Selon une idée fausse très répandue, le ministère dans l'Église est sacré, tandis que tout le reste est profane. De même, nous considérons souvent le dimanche comme sacré, alors que du lundi au samedi, les affaires sont normales et sécularisées.

Notre expérience a montré que cette idée fausse a influencé la manière dont la plupart de nos institutions théologiques forment les futurs pasteurs et dirigeants d'Église. Cela influence ensuite la façon dont ces diplômés finissent par diriger leurs Églises. De nombreux croyants vivent des vies déconnectées,

Guerriers gauchers, théologie du travail et la fondation Mustard Seed 107

incertains de la façon dont, comme l'a dit Paul Stevens, ils peuvent vivre en tant que chrétiens les six autres jours de la semaine[1].

Par exemple, dans la réalité actuelle du Nigéria et d'ailleurs, où les Églises surgissent à chaque coin de rue, il semble qu'il n'y ait pas de transformation socio-économique et politique correspondante. Nous nous sommes attachés à prêcher l'évangile quantitatif du salut, en mettant l'accent sur la piété intérieure, par opposition à l'évangile qualitatif du Royaume qui produit une transformation sociale.

Cette réalité devrait nous ramener à l'un des objectifs fondamentaux de la théologie : repenser notre compréhension de qui est Dieu et de ce qu'il est venu faire sur terre. Notre théologie a de sérieuses implications pratiques, comme nous en avertit William Temple : « Si votre conception de Dieu est radicalement fausse, alors plus vous êtes pieux, pire ce sera pour vous. Vous vous exposez à être façonné par quelque chose de très laid ; vous auriez mieux fait d'être athée[2]. »

Une théologie du travail fondée sur la Bible sert de correctif nécessaire aux idées fausses déjà mentionnées, et remet en question nos présupposés ecclésiologiques et missiologiques – en réalité, tous les aspects de la compréhension théologique.

Peut-être avons-nous oublié que la plupart des héros de la Bible n'étaient pas professionnellement qualifiés en tant que chefs religieux. Il suffit de penser à Noé, le constructeur de bateaux, Abraham, l'éleveur de bétail, et Joseph, l'économiste politique et le concepteur urbain. Nous pouvons aussi citer le roi David, berger et musicien, Daniel, transplanté au sein de mondes impériaux, Néhémie, chef de la sécurité du roi, Esther, miss Perse et reine. Parmi les exemples du Nouveau Testament, citons Luc, un médecin, et Priscille et Aquila, une corporation de travailleurs, éventuellement dirigée par une femme.

La plupart des paraboles de Jésus mettent en évidence des contextes autres que la synagogue ou le temple, et beaucoup d'entre elles font référence au lieu de travail, comme les champs agricoles, les cabinets des juges, la place du marché, un chantier de construction et le foyer, lieu de travail le plus formateur. Jésus lui-même a passé la majeure partie de sa vie comme remplaçant dans une vocation parfois pauvrement rendue par « charpentier », mais mieux traduite comme une profession qui associait tout à la fois les métiers de bricoleur et d'ingénieur. Dieu

---

1. R. Paul STEVENS, *The Other Six Days: Vocation, Work, and Ministry in Biblical Perspective*, Grand Rapids, MI, Eerdmans, 2000.
2. William TEMPLE, *Christian Faith in Life*, New York, Macmillan, 1931, p. 24.

essayait-il de nous dire que pour pouvoir qualifier Jésus comme rabbin, il devait d'abord passer par une occupation fonctionnelle et créative ?

Parmi les douze disciples, quatre ou plus d'entre eux étaient des entrepreneurs impliqués dans l'industrie de la pêche. Deux ou trois autres, peut-être, étaient des militants cherchant à renverser le statu quo. L'un d'entre eux était collecteur d'impôts. Paradoxalement, peu d'entre eux auraient réussi des examens d'entrée en théologie, et aucun n'aurait pu produire un curriculum vitae impressionnant pour un ministère. Pourtant, ils avaient tous des compétences qu'ils pouvaient transmettre et qui reflétaient ce qu'ils avaient appris dans leur profession, bien qu'ils fussent décrits comme « des hommes du peuple, sans instruction » (Ac 4.13).

Paul, le missionnaire accompli, nous raconte avec une certaine satisfaction qu'il subvenait à ses besoins en tant que fabricant de tentes, achetant des peaux d'animaux aux plus humbles d'entre les humbles, les tanneurs infréquentables, et vendant son travail aux bédouins riches en bétail, ce qui a peut-être permis de transmettre sa mission aux deux extrêmes de la société et à ceux qui faisaient partie de sa classe professionnelle – Priscille et Aquila.

Les Écritures présentent Dieu comme l'ouvrier divin, actif dans ses rôles de créateur, de rédempteur, de soutien et de consommateur. Jésus dit de lui-même : « Ma nourriture est de faire la volonté de celui qui m'a envoyé et d'accomplir son œuvre » (Jn 4.34). L'œuvre de Jésus est le prolongement de l'œuvre du Père et l'accomplissement de l'œuvre que le Père lui a confiée : « [...] Mon Père est à l'œuvre jusqu'à présent ; moi aussi, je suis à l'œuvre » (Jn 5.17). « Il faut que je fasse, tant qu'il fait jour, les œuvres de celui qui m'a envoyé ; la nuit vient, où personne ne peut travailler » (Jn 9.4).

Si nous sommes créés à l'image de Dieu, puis rachetés pour retrouver quelque chose de notre conception originelle, nous reflétons dans une certaine mesure sa tâche de création, de rédemption, de soutien et de consommation, bien que limitée dans le temps et l'espace. Ces versets ne laissent nullement entendre que certains sont appelés à travailler religieusement, tandis que d'autres seraient dispensés de le faire.

Perspectives bibliques pour une théologie du travail

Les exemples mentionnés ci-dessus ne sont qu'une partie du fruit des graines de théologie du travail telles que semées dans les trois premiers chapitres de la Genèse où nous apprenons que le travail dans le jardin d'Éden était une noble entreprise considérée comme un don de Dieu, une grande responsabilité envers sa création et une forme première d'adoration, exprimée en retour à Dieu. Dans ce que beaucoup appellent le « mandat de création » ou le « mandat culturel[3] », les humains se voient confier de multiples tâches, non pas pour simplement remplir un emploi du temps en activités et en travaux, mais plutôt pour étendre et embellir ce que Dieu avait déjà créé.

Nous trouvons au moins quatre composantes du mandat de création dans Genèse.

Premièrement, il y a le commandement « Reproduisez-vous, devenez nombreux » (Gn 1.28), ou « fructifiez, et multipliez » (Darby). Cela suggère que Dieu aime la plénitude – une créativité continue qui se mesure par la quantité et la qualité dans un équilibre créatif. La quantité sans la qualité est une croissance qui tourne mal, tandis que la qualité sans la quantité est une stagnation. Cela implique à la fois le développement personnel et l'amélioration universelle.

Deuxièmement, le Seigneur Dieu a pris l'homme et l'a placé dans le verger d'Éden « pour qu'il le cultive et le garde » (Gn 2.15). Cela suggère que nous sommes appelés à ne pas posséder la terre ou en abuser, mais à la traiter avec l'amour et le soin d'un intendant, servant avec passion la joyeuse création du Maître. Le développement de l'activité et des structures économiques est implicite dans ce concept.

Troisièmement, il y a la passion implicite de Dieu pour la communauté. Lorsque Dieu dit qu'« il n'y avait pas d'homme pour cultiver le sol » (Gn 2.5), il montre sa vulnérabilité en désirant un partenariat avec les êtres humains. Bien que Dieu lui-même existe dans une communauté intertrinitaire (comme pourrait l'évoquer Gn 1.26 : « Faisons l'homme à notre image, à notre ressemblance »), le Dieu trinitaire a voulu étendre cette communauté sur la terre comme au ciel.

En d'autres termes, il aspire à se définir comme une communauté et à créer une communauté, et il le fait en chargeant un couple terrestre de travailler à ses côtés pour générer leur propre nouvelle communauté. Comme l'a suggéré Martin Luther King Jr, Dieu s'occupe à la fois de créer des communautés bien-aimées[4]

---

3. Gregory A. SMITH, « The Cultural Mandate, the Pursuit of Knowledge and the Christian Librarian », dans *Christian Librarianship: Essays on the Integration of Faith and Profession*, Jefferson, NC, McFarland & Co., 2002, p. 29. Pour une discussion plus approfondie sur le mandate culturel, voir Roger S. Greenway, « The Cultural Mandate », dans A. Scott MOREAU, sous dir., *Evangelical Dictionary of World Missions*, Grand Rapids, MI, Baker, 2000, p. 251-252.

4 L'expression « communauté bien-aimée » a été inventée par le philosophe américain Josiah Royce (1855-1916) au début du vingtième siècle. La compréhension du concept par King fait l'objet d'un traitement approfondi dans Kenneth L. SMITH et Ira G. ZEPP

et de créer des humains ayant le potentiel de faire de même. Dans ce processus, le développement des sociétés humaines, des institutions, de la politique et de la gouvernance est implicite.

Quatrièmement, Dieu a invité toutes les créatures vivantes à se présenter devant Adam afin que des noms soient attribués à chaque genre. C'est la tâche des taxonomies, nommer et catégoriser tout ce qui nous entoure. Tant qu'elles n'ont pas de nom, les choses ne peuvent pas être regroupées afin d'être utilisées pour le bien des hommes et la gloire de Dieu.

Ce rituel de dénomination des choses est la tâche initiale de la science, des particules subatomiques aux quasars, des structures moléculaires aux mammouths. Ce n'est qu'avec des noms que nous pouvons organiser et contrôler notre environnement. Cela implique l'esprit d'innovation et de créativité qui traduit le caractère de Dieu en tant que Créateur, généreusement reflété dans tous les êtres humains.

La triste réalité est que le christianisme évangélique récent s'est tellement concentré sur le mandat essentiel de rédemption qu'il a ignoré la puissance, la portée et l'impact du mandat de création[5]. Ce faisant, la valeur des grands efforts de bien des personnes qui honorent et vivent effectivement le mandat de création a été diminuée.

La désobéissance du premier couple a entraîné un dysfonctionnement désastreux dans l'ensemble de la création, y compris le travail. À la suite de la chute, le travail a perdu son objectif transcendant et s'est concentré sur la survie. Bien que le sol ait été maudit, le travail lui-même ne l'a pas été pour autant. Et pourtant, à la suite du péché et de la malédiction du sol, l'effort humain est devenu beaucoup plus précaire, confiné et contre-productif, car il semblait que la nature tout entière se dressait contre lui. En outre, la corruption humaine a semé dans le travail une série de maux, notamment de grandes disparités économiques, des abus et des efforts mal conçus. Le mandat humain de donner à la création une valeur ajoutée devait désormais faire face à toutes sortes de facteurs adverses qui diminuaient cette valeur. En effet, nous soutenons qu'un bon travail apporte

---

Jr, *Search for the Beloved Community: The Thinking of Martin Luther King Jr*, Valley Forge, Judson Press, 1998.

5 Neal DeRoo, « Culture Regained? On the Impossibility and Meaninglessness of Culture in (Some) Calvinistic Thought », *The Kuyper Center Review*, vol. 3, « Calvinism and Culture », sous dir. Gordon Graham, Grand Rapids, MI, Eerdmans, 2013, p. 1-22.

généralement une valeur ajoutée aux personnes impliquées, au produit ou service lui-même et à la culture en général, alors qu'un mauvais travail diminue généralement cette valeur.

Parfois, les possibilités de rédemption du travail sont restées en sommeil à cause de la désobéissance et de la tromperie des hommes. Néanmoins, une grande partie de la Bible est consacrée à la description des conséquences du jugement sur l'œuvre humaine défaillante, et à l'effort constant de Dieu pour la réhabiliter à travers les différentes alliances divines, la fondation de la nation d'Israël, les rituels sacrificiels et les lois cérémonielles et légales centrées sur les dix commandements. La littérature de sagesse, notamment le livre des Proverbes, et les jugements prophétiques ont également servi à rappeler le peuple de Dieu à une obéissance sage et fidèle, conformément à ses desseins originels en matière de vie, de travail et de culte.

Développements historiques de la théologie du travail

De nombreux premiers chrétiens faisaient partie des classes laborieuses – esclaves, travailleurs pauvres et personnes marginalisées par la société. Les premiers ordres monastiques considéraient le travail comme une partie complémentaire de leur service chrétien à Dieu.

Au fil du temps, le principe de rédemption et d'élévation a amené nombre d'entre eux à occuper des positions d'influence et de pouvoir, en même temps que les pressions subtiles visaient à séparer le travail religieux du travail quotidien. Ce phénomène s'est reproduit à de nombreuses époques et dans de nombreux pays au cours de l'histoire.

Cependant, l'histoire du christianisme montre que la spiritualité et le travail matériel étaient périodiquement perçus comme étant en conflit et que le travail séculier était considéré comme inférieur aux devoirs religieux. La Réforme protestante a tenté de rééquilibrer cette situation, et les initiatives puritaines ultérieures ont conféré au travail pratique une valeur plus positive. La révolution industrielle des XVIIIe et XIXe siècles a de nouveau séparé le travail mental du travail physique, et les exercices spirituels des tâches subalternes[6].

---

6. Un récit historique détaillé peut être trouvé dans Leland RYKEN, *Work and Leisure in Christian Perspective*, Eugene, OR, Wipf & Stock, 2002.

Un regain d'intérêt pour la théologie du travail

Au cours des trente dernières années, des discussions considérables ont eu lieu et ont donné le jour à de nombreux ouvrages sur le thème d'une compréhension biblique du travail. Alistair Mackenzie a produit un bon compte rendu des principaux partisans de la théologie du travail dans son mémoire de master intitulé « Faith at Work : Vocation, the Theology of Work and the Pastoral Implications » [La foi au travail : la vocation, la théologie du travail et les implications pastorales][7]. D'autres auteurs sont cités dans la note de bas de page[8]. De nombreux ouvrages connexes sont narratifs, écrits du point de vue d'entrepreneurs qui découvrent leur rôle unique dans le service chrétien. Dennis Bakke a écrit *Joy at Work* (2006), qui a donné beaucoup d'élan à l'initiative de la fondation Mustard Seed dont il est question ici.

Plus récemment, l'ouvrage *Dieu dans mon travail* (2016) du pasteur new-yorkais Timothy Keller, et deux collections de livres publiés dernièrement par les éditions Hendrickson, « Theology of Work Bible Commentary[9] » (2016) et « The Bible and Your Work Study Series » (2014-2019), ont permis d'approfondir ce sujet.

L'Église catholique romaine est connue pour ses réflexions sur la signification scripturale du travail, y compris des déclarations de deux des papes les plus

---

7   Alistair MACKENZIE, « Faith at Work: Vocation, the Theology of Work and the Pastoral Implications », mémoire de master en théologie, université d'Otago, 1997, https://www.theologyofwork.org/uploads/general/Vocation-Theology-of-Work-and-Pastoral-Implications-Thesis.pdf, consulté le 25 août 2020.

8.   Parmi les premiers partisans d'une compréhension renouvelée du travail figurent les personnes énumérées ci-dessous. Les dates indiquées se réfèrent à leurs publications initiales par ordre chronologique, tandis que les dates dans la bibliographie reflètent la date la plus récente de publication ou de révision. Larry PEABODY (1974), Studs TERKEL (1974), Robert GREENLEAF (1977), Ray S. ANDERSON (1986), Robert BANKS (1993), Max STACKHOUSE (1995), Michael NOVAK (1996), Os GUINNESS (1997), Ann COOMBS (2001), William DIEHL (2001), Richard HIGGINSON (2002), Miroslav VOLF (2002), Melba MAGGAY (2004), John BECKETT (2006), Darrell COSDEN (2006), R. Paul STEVENS (2006), Ben WITHERINGTON (2011), William MESSENGER (2013), Makoto FUJIMURA (2017), James HAMILTON, (2017). Une longue bibliographie annotée a été publiée par Pete HAMMOND et R. Paul STEVENS en 2002, puis élargie en 2010. Nombre de ces auteurs ont écrit de multiples ouvrages sur le thème du travail.

9.   Les créateurs de ce projet de commentaire biblique sur la théologie du travail l'ont également mis entièrement et gratuitement en ligne : https://www.theologyofwork.org/resources/theology-of-work-bible-commentary-free-online.

récents. L'encyclique « Laborem Exercens[10] » du pape Jean-Paul II et l'encyclique « Laudato Si'[11] » de l'actuel pape François ont contribué à sensibiliser l'Église catholique à la noblesse du travail.

La communauté chrétienne est également redevable à l'œcuménique Acton Institute situé à Grand Rapids, aux États-Unis, un laboratoire d'idées dont la mission est de promouvoir une société libre et vertueuse caractérisée par la liberté individuelle et soutenue par les principes religieux judéo-chrétiens. Leur Christian's Library Press publie des textes influents sur la conduite de l'Église, la vocation du travail et l'intendance[12].

Le Mouvement de Lausanne, fondé en 1974, a offert des déclarations sans équivoque sur la finalité chrétienne du travail lors de sa troisième grande conférence tenue au Cap, en Afrique du Sud, en 2010. Sous le titre « Le lieu de travail confronté à la vérité », l'Engagement du Cap affirme :

> La Bible nous montre la vérité de Dieu concernant le travail humain : il fait partie du bon dessein de Dieu dans la création. La Bible place la totalité de notre vie de travail dans la sphère du service, parce que nous servons Dieu selon des appels différents. En revanche, le mensonge d'un « partage entre le sacré et le séculier » est devenu omniprésent dans la pensée et l'action de l'Église. Ce partage nous dit que l'activité religieuse appartient à Dieu, tandis que les autres activités ne lui appartiennent pas. La plupart des chrétiens passent la majeure partie de leur temps dans un travail auquel ils n'attribuent peut-être que peu de valeur spirituelle (le travail soi-disant séculier). Mais Dieu est Seigneur de *toute* la vie. « Quel que soit votre travail, faites-le de tout votre cœur, et cela par égard pour le

---

10. Pape JEAN PAUL II, « Laborem Exercens », http://www.vatican.va/content/john-paul-ii/en/encyclicals/documents/hf_jp-ii_enc_14091981_laborem-exercens.html, consulté le 25 août 2020.
11. Pape FRANÇOIS, « Laudato Si' », http://www.vatican.va/content/francesco/en/encyclicals/documents/papa-francesco_20150524_enciclica-laudato-si.html, consulté le 25 août 2020. Pour une critique de ces encycliques, voir Jonathan MALESIC, « Why We Need a New Theology of Work », *America: The Jesuit Review*, 12 septembre 2016, https://www.americamagazine.org/politics-society/2016/09/01/why-we-need-new-theology-work, consulté le 25 août 2020.
12. Pour plus d'informations sur l'Acton Institute, voir : www.acton.org. Deux de leurs livres les plus récents sont ceux de : Lester DEKOSTER, *Work: The Meaning of Your Life* et Gene Edward VEITH, *Working for Our Neighbor: A Lutheran Primer on Vocation, Economics and Ordinary Life*.

Seigneur et non par égard pour des hommes », dit Paul à des esclaves du monde du travail païen[13].

L'appel à l'action de l'Engagement le souligne encore davantage :

Nous encourageons tous les croyants à accepter et à affirmer que tout travail auquel Dieu les a appelés, quel que soit l'endroit, constitue leur propre ministère et mission journaliers. Nous interpellons les pasteurs et les responsables d'Église pour qu'ils soutiennent les personnes engagées dans de tels services – dans la communauté et dans le monde du travail – "pour que ceux qui appartiennent à Dieu soient rendus aptes à accomplir leur service" – dans tous les domaines de leur vie[14].

La rubrique « Business as Mission », très présente dans les séminaires de la conférence du Cap et dans toute une série de publications en ligne, met l'accent sur l'aspect pratique du travail en tant que mission, accordant une attention particulière à l'influence chrétienne telle qu'elle s'exprime dans l'art, la politique, les affaires, les médias et le discours public. Hormis les publications mentionnées, de nombreuses pages web utiles se multiplient désormais sur ce thème[15].

Contributions récentes au développement de la réflexion et de la pratique autour de la théologie du travail

De nombreux établissements d'enseignement chrétiens ont tenté, de différentes manières, d'intégrer des cours de théologie du travail dans leurs programmes d'études. Certaines facultés nord-américaines, comme le Gordon College, l'université Seattle Pacific, le Laidlaw College et l'université Regent, proposent des cours en lien avec la théologie du travail. D'autres institutions universitaires, telles que le Gordon-Conwell Seminary, le Luther Seminary et le

---

13. Le Mouvement de Lausanne, « L'Engagement du Cap », une confession de foi et un appel à l'action, 2011, IIA.3, italique dans l'original, https://lausanne.org/fr/mediatheque/engagement-du-cap, consulté le 20 juillet 2021.
14. Le Mouvement de Lausanne, « L'Engagement du Cap », IIA.3b, italiques dans l'original.
15. Voir le Mouvement de Lausanne, « La mission par les affaires », https://lausanne.org/fr/reseaux-fr/reseau-a-theme-fr/la-mission-par-les-affaires ; Bam Global: Business as Mission, www.bamglobal.org ; Business as Mission, www.businessasmission.com ; et Theology of Work Project, www.theologyofwork.org.

Concordia College, proposent une filière ou une spécialisation complète, tandis que des établissements tels que la Seattle Pacific University et la Biola University ont développé des écoles de commerce et des diplômes axés sur les ministères liés au marché. D'autres écoles proposent également des séminaires spéciaux de théologie du travail destinés à la communauté chrétienne dans son ensemble.

Les auteurs de cet article ont été profondément impliqués dans l'initiative de la Bakke Graduate University (BGU) dans ce domaine de la théologie du travail. La BGU a notamment fait progresser l'action et la réflexion autour de ce sujet essentiel en créant des filières et des diplômes axés sur ce thème. D'autres établissements d'enseignement supérieur font désormais de même.

La fondation Mustard Seed, une initiative parallèle étroitement liée à la BGU, a fait progresser l'initiative au moyen de séminaires et de cours dispensés dans le monde entier. Le programme d'études est basé sur les écrits de Paul Steven sur la théologie du travail et sur les travaux pratiques et transformationnels de l'expérience de Dennis Bakke dans le monde des affaires. Ce programme applique les principes chrétiens de service de la base jusqu'au sommet, donnant à la prise de décision et au travail en équipe un tout nouveau sens de la participation et du plaisir partagé au travail.

Alistair Mackenzie a fait un bref tour d'horizon des différentes façons dont ces écoles cherchent à intégrer la théologie du travail. Ses conclusions portent sur le défi associé à la baisse des inscriptions et de la demande par rapport au coût du maintien ou de l'expansion de ces offres[16]. En réponse à cet enjeu, le « Mustard Seed Foundation's International Theology of Work Grant Program » a subventionné des cours dans de nombreuses institutions académiques à travers le monde qui, sans cela, n'auraient pu les financer[17].

Promouvoir la théologie du travail par un financement stratégique et des initiatives en matière de formation

De 2007 à 2018, la fondation Mustard Seed a accordé 414 subventions pour dispenser des cours de théologie du travail à l'échelle internationale dans un large éventail de langues. Ces subventions ont engagé près de 55 000 participants

---

16. Alistair MACKENZIE, « Seminaries Teaching Theology of Work », https://www.theologyofwork.org/resources/seminaries-teaching-theology-of-work, consulté le 25 août 2020.
17. TOW International Theology of Work Grant Program, https://www.theologyofworkgrant.com/.

dans 78 pays différents. En onze ans, près de trois millions de dollars ont été accordés pour aider à couvrir les frais de scolarité, les frais de séminaire et les frais de transport des participants et des animateurs. Souvent, les institutions ont demandé des subventions à la fondation Mustard Seed pour offrir deux cours séquentiels sur une période de deux ans : le cours de base de théologie du travail (parfois appelé « Joie au travail ») et le cours « Éthique et pratique commerciale responsable ».

Dans la plupart des présentations, les organisateurs insistent sur la participation d'entrepreneurs, ou effectuent des visites programmées sur des lieux de travail du monde des affaires. Souvent, des hommes d'affaires participent à nos séminaires (par exemple, au Bangladesh, l'ensemble de notre groupe de 50 chefs d'entreprise et étudiants musulmans était affilié au Rotary Club local). À Alexandrie, en Égypte, 98 dirigeants musulmans (sur les 129 présents) ont été transportés en bus jusqu'au lieu du séminaire.

Parfois, lors de nos visites sur place, nous rencontrons des hommes d'affaires chrétiens qui n'ont pas encore réfléchi à leur influence dans leur contexte. Cela nous donne l'occasion de leur suggérer, avec bienveillance et précision, une approche différente. D'autres sont remarquablement à l'écoute de leur mission d'être le sel et la lumière dans leur contexte.

Les présentations sont dynamiques et variées, faisant appel à des exposés PowerPoint, à du théâtre d'improvisation, à des chants, des sessions de groupe, des témoignages, des artéfacts symboliques, à des illustrations, des vidéos, des lectures et à des comptes rendus d'apprentissage. Les sessions varient entre des ateliers de deux jours et des cours accrédités de quarante-cinq heures.

Impact des ateliers de théologie du travail sur les participants et les animateurs

L'espace disponible ici permet seulement de donner quelques exemples représentatifs des nombreuses façons dont les séminaires de théologie du travail de la fondation Mustard Seed influencent à la fois les animateurs et les participants issus de milieux très divers. Concernant son expérience en tant qu'animateur, Fletcher Tink raconte :

> J'ai eu le privilège d'enseigner dans vingt-quatre pays. J'ai eu le privilège d'enseigner à un grand nombre de catholiques au Pakistan, d'hindous au Népal et de musulmans en Égypte, au Pakistan et au Bangladesh. J'ai même été invité à enseigner plusieurs fois à

Guerriers gauchers, théologie du travail et la fondation Mustard Seed

Lumbini, au Népal, sur le lieu de naissance du Bouddha, dans un couvent bouddhiste.

J'ai découvert que les chrétiens ont soif d'un nouveau sens de la mission qui engage tout le monde dans les objectifs rédempteurs de Dieu.

Tink note que les ateliers consacrés à la théologie du travail se sont avérés être de grandes opportunités pour le témoignage chrétien et l'engagement avec des participants issus d'autres religions.

Les musulmans ont été surpris que je prenne Dieu au sérieux sept jours sur sept, et ils se sont montrés très ouverts à cet enseignement. Les hindous critiquent la corruption dans leurs propres nations et cherchent des moyens de changer leurs sociétés grâce à un nouveau paradigme éthique. Les bouddhistes apprécient l'ascétisme et le soin implicites dans la gestion responsable du monde créé.

Je leur précise que je ne suis pas en train d'évangéliser. Je ne fais que semer des graines qui présentent une autre façon de voir l'univers, pleine de sens et de transcendance. Lors de leurs fêtes d'Iftar, les imams sont impressionnés par le fait que je sois prêt à jeûner avec eux pendant leurs jours de Ramadan, bien qu'avec des motivations chrétiennes.

Oladotun Reju nous donne un aperçu de ses expériences en tant qu'animateur de formations en théologie du travail en Afrique et dans les Caraïbes :

J'ai eu le privilège d'enseigner la théologie du travail dans dix pays africains et trois îles des Caraïbes. La majeure partie de mon enseignement de la théologie du travail a été dispensée par deux organisations au Nigéria : la Nigerian Baptist Convention, une dénomination majeure au Nigéria comptant plus de six millions de membres, et la Nigeria Fellowship of Evangelical Students, qui compte des étudiants dans toutes les institutions tertiaires du Nigéria. J'ai également eu le privilège de servir le Nigerian Baptist Theological Seminary [NBTS], à Ogbomosho, au Nigeria, pendant cinq ans, en formant le corps enseignant et le personnel du séminaire. Le NBTS a maintenant inclus la théologie du travail comme cours de base dans son programme de licence.

Ma thèse de doctorat s'est inspirée de la théologie du travail et sert de modèle au Centre for Transformational Leadership, un ministère de l'Église dont je suis le pasteur à Jos, au Nigéria. Le centre a fait de la théologie du travail son principal centre d'intérêt et son cours phare, formant les meneurs naissants et délivrant des certificats et des diplômes dans trois domaines de base : les affaires, les arts et la gouvernance politique[18].

Études de cas sur la théologie du travail

L'investissement stratégique, tant financier que pédagogique, visant à apprendre aux hommes et aux femmes comment mettre en pratique les principes de la théologie du travail dans leur vie et leur contexte quotidiens a porté beaucoup de fruits. Voici quelques exemples de théologie du travail en action :

- Un propriétaire de grand magasin à Chennai, en Inde, dispose d'une salle de conseil pour ses employés et ses clients, et leur donne des CD de musique chrétienne qu'il produit.
- Une entreprise de transport de mélasse à Armenia, en Colombie, a fait construire une chapelle à côté de son garage, et le propriétaire y dirige des cultes et des groupes de prière pour ses employés.
- Une famille sino-philippine qui possède treize franchises de poulet frit à Zamboanga, sur l'île de Mindanao, a cessé de vendre de l'alcool et consacre désormais une part considérable de ses bénéfices aux besoins financiers de la communauté. Cette famille nous a présenté son principal concurrent, qui possède seize restaurants franchisés. Lorsque nous nous sommes étonnés de leur étroite amitié, ils m'ont informé qu'ils ne se faisaient pas concurrence, mais qu'ils partageaient plutôt leurs rêves, leurs stratégies commerciales et leurs objectifs chrétiens.
- Une gynécologue qui dirigeait un hôpital en Inde a été accusée à tort par un concurrent de voler des parties de corps féminins pour les vendre aux États-Unis. Pendant plusieurs mois, les clients ont refusé de venir, croyant aux rumeurs malveillantes. Puis, dans la prière, elle a imaginé un plan consistant à donner des tests gratuits pour montrer que les utérus des femmes étaient intacts. Peu à peu, les clients sont

---

18. Les informations concernant le centre sont publiées sur le site web d'International Theology of Work Grant, www.theologyofworkgrant.com.

revenus et, en peu de temps, son activité a doublé, son intégrité ayant été prouvée.
- Alors qu'il nous racontait son histoire, un député du Tamil Nadu a été interrompu par son collègue musulman, puis par son homologue hindou. Lorsque nous les avons interpellés, les deux non-chrétiens ont témoigné que cet homme était leur frère bien-aimé qui priait avec eux lorsqu'ils avaient des problèmes.
- Un autre politicien indien nous a montré quelques-unes des deux mille Bibles qu'il donne chaque année à ses électeurs.
- Aux Philippines, un pasteur a quitté son Église pour organiser des courses de motocross le dimanche matin. Avant les courses de moto, il anime un culte pour les milliers de personnes rassemblées, puis pendant la semaine, il fait des disciples parmi les coureurs et les hommes d'affaires du secteur de la moto qu'il a mis en réseau.

Il y a des centaines d'histoires comme celles-ci qui pourraient être partagées. Certaines ne peuvent pas l'être ici en raison de leur nature sensible, mais nous vous invitons à prier pour les chrétiens du monde entier qui mettent en pratique leur formation en théologie du travail pour s'attaquer aux problèmes structurels dans leur propre contexte, souvent au prix de grands risques personnels.

À ces témoignages de l'impact que la formation en théologie du travail a produit dans des pays et des communautés locales du monde entier, Oladotun Reju ajoute le sien sur la manière dont le mandat de création et les perspectives de la théologie du travail ont façonné le ministère de son Église locale pour qu'elle devienne sel et lumière dans sa propre communauté :

> L'expérience la plus profonde de théologie du travail (TDT) a été son impact sur ma congrégation. La communauté du Kingdom Citizens Pavilion à Jos, au Nigéria, peut être décrite en utilisant l'expression de Larry Peabody comme « un ministère tissé par la TDT ». Nous gérons une école primaire et une école secondaire où le concept de TDT a été inculqué dans chaque matière de l'école.
>
> La question essentielle que tout enseignant doit se poser est la suivante : « Que puis-je inclure dans mon enseignement pour favoriser l'appel de Dieu pour mes élèves et étudiants ? » J'ai ressenti une joie sans bornes le jour où j'ai lu le devoir d'un élève de 12 ans sur un sujet ayant trait à la préservation de la forêt. Il a identifié le garde travaillant à la préservation de la forêt comme un partenaire rédempteur travaillant avec Dieu pour restaurer le *shalom* dans la

création de Dieu. Nos élèves choisissent aujourd'hui un parcours professionnel pour répondre à l'appel de Dieu dans leur vie.

Notre communauté ecclésiale locale est décrite comme une Église de cent-cinquante paroisses, dans lesquelles nous nous réunissons le dimanche. Toutes les paroisses tiennent dans une petite salle et, comme nous nous dispersons du lundi au samedi, nous servons les desseins de Dieu pour notre ville dans différents centres et de différentes manières. Nos groupes d'études bibliques sont répartis en fonction de la vocation et de la profession, chaque groupe étudiant la Bible à travers le prisme des appels. Depuis 2019, nous avons des groupes de disciples professionnels composés de travailleurs de la santé, d'artistes, d'hommes d'affaires, ainsi que de personnes intéressées par le service public et la politique.

Chaque membre de notre Église qui vient de terminer ses études ou toute autre formation professionnelle suit un cours de TDT spécialisé, afin d'être ordonné dans le ministère. Nous ne présentons pas de consécration traditionnelle attestée par des titres dans notre Église. Nous pratiquons plutôt le « sacerdoce universel des croyants » de Luther dans notre vie d'Église.

Prochaines étapes pour le programme de théologie du travail de la fondation Mustard Seed

À mesure que la fondation Mustard Seed se tourne vers l'avenir, ses dirigeants cherchent à s'appuyer sur ce qui a été appris et accompli au cours des dernières années et à définir des priorités en matière de partenariats stratégiques, de financement et d'opportunités de formation. À cet égard, Lowell Bakke, l'architecte en chef de la théologie du travail de Mustard Seed, explique : « L'un des objectifs sera d'investir dans un réseau d'écoles et d'organisations du monde entier qui seront en mesure de porter le message TDT dans un nombre croissant d'endroits bien au-delà de la durée de vie de la Fondation. Au cours de cette période de cinq ans, nous souhaitons travailler avec autant d'écoles ICETE que possible. »

Grâce à cette nouvelle phase de coopération, Mustard Seed vise à

> exposer et former des professeurs dans le domaine de la foi et du travail par le biais du programme de subventions pour la théologie du travail. Cela commencera par un cours TDT de neuf semaines

en ligne (Zoom Room) dispensé par Bakke Graduate University. Ce cours sera spécifiquement destiné aux écoles appartenant au réseau ICETE. Une partie du cours en ligne exigera que les professeurs développent un cours contextualisé sur la Théologie du Travail, spécialement conçu pour leur école, qui pourrait être co-enseigné par l'un des professeurs internationaux certifiés TDT, avec l'aide d'une subvention TDT. Un membre du corps professoral du programme de subvention sera désigné comme mentor tout au long de la phase de développement du cours et de la subvention et de la phase d'enseignement dans l'école bénéficiaire de la subvention. Nous planifions de travailler avec trois régions sur une période de trois ans[19].

Conclusion

L'espoir de la fondation Mustard Seed est de transférer les initiatives en matière de théologie du travail de la base du corps professoral à un éventail beaucoup plus large de professeurs qui seraient plus implantés régionalement, engagés institutionnellement et perspicaces sur le plan contextuel. Depuis la conférence de l'ICETE à Panama, la pandémie mondiale de COVID-19 a offert de nouvelles possibilités d'exprimer la théologie du travail sans les barrières du temps et de l'espace. Le programme d'études est développé sur de multiples fronts et de manière contextualisée par le biais d'Internet, et peut finalement atteindre un public beaucoup plus large de chrétiens qui ont une compréhension élargie de leur rôle sur le lieu de travail. Nous espérons également que les femmes s'exprimeront davantage et auront une plus grande influence dans les discussions à travers le monde.

Nous prions afin que les guerriers gauchers se lèvent dans le monde entier et mettent en œuvre leurs compétences, leurs connaissances et leurs pratiques spécifiques pour devenir une partie plus intégrante de l'ensemble du message de Dieu au monde entier.

---

19. Des informations actualisées sont disponibles sur le site www.theologyofworkgrant.com.

Questions pour la réflexion personnelle et la discussion en groupe

1. Les auteurs décrivent la préférence manifestée par certaines Églises et institutions théologiques pour les professionnels du ministère droitiers par rapport aux ministres laïcs gauchers. Ils affirment que ce parti pris relègue le ministère du lundi au samedi sur un plan de moindre importance que le ministère du dimanche au sein de l'Église. Cette description est-elle vraie dans votre propre contexte ? Si oui, comment cette préférence est-elle communiquée (explicitement ou implicitement) par les institutions théologiques et l'Église ?

2. Évaluez dans quelle mesure le regain d'intérêt pour la théologie du travail au cours des dernières décennies a été ressenti au sein de votre propre institution théologique et des Églises de votre contexte. Donnez des exemples qui illustrent l'impact (ou le manque d'impact) d'une compréhension biblique du travail.

3. En réfléchissant aux études de cas de théologie du travail partagées par les auteurs et à votre propre contexte, quels exemples et témoignages de chrétiens laïcs gauchers exerçant un ministère fidèle et missionnel dans le cadre de leurs occupations professionnelles ou de leur métier pouvez-vous ajouter ?

4. En réponse à l'invitation des auteurs, prenez un moment « pour prier pour les chrétiens du monde entier qui mettent en pratique leur formation en théologie du travail pour s'attaquer aux problèmes structurels dans leurs propres contextes, souvent au prix de grands risques personnels ».

5. Dans quelle mesure ces sujets font-ils partie intégrante de l'enseignement et du programme de votre institution : le mandat de création ; le sacerdoce de tous les croyants ; les autres fondements bibliques d'une théologie du travail ? Discutez des stratégies que les écoles théologiques et les Églises de votre contexte pourraient développer pour aider les professionnels du ministère et les chrétiens laïcs à vivre fidèlement les implications de cet enseignement dans leurs vocations particulières et leur travail quotidien. Cela pourrait-il constituer une nouvelle direction/opportunité pour votre école ? Pensez à plusieurs amis chrétiens qui ne sont pas dans un ministère à plein temps. Priez pour eux par leur nom et pour leurs ministères.

Références

Anderson Ray S., *Minding God's Business*, Eugene, OR, Wipf & Stock, 2008.

BAKKE Dennis W., *Joy at Work: A Revolutionary Approach to Fun on the Job*, Seattle, PVG, 2005.

BANKS Robert, *God the Worker: Journey into the Mind, Heart and Imagination of God*, Eugene, OR, Wipf & Stock, 2008.

BECKETT John, BLANCHARD Ken, *Mastering Monday: A Guide to Integrating Faith and Work*, Downers Grove, IL, InterVarsity Press, 2009.

BENEFIEL Margaret, *Soul at Work: Spiritual Leadership in Organizations*, New York, Seabury, 2005.

COOMBS Ann, *Living Workplace: Soul, Spirit and Success in the 21st Century*, Toronto, HarperCollins Canada, 2001.

COSDEN Darrell, *A Theology of Work: Work and the New Creation*, Eugene, OR, Wipf & Stock, 2006.

DEKOSTER Lester, *Work: The Meaning of Your Life*, Grand Rapids, MI, Christian's Library Press, 2015.

DEROO Neal, « Culture Regained? On the Impossibility and Meaninglessness of Culture in (Some) Calvinistic Thought », dans *The Kuyper Center Review, volume 3 : Calvinism and Culture*, sous dir. Gordon Graham, Grand Rapids, MI, Eerdmans, 2013, p. 1-22.

DIEHL William E., *The Monday Connection: On Being an Authentic Christian in a Weekday World*, Eugene, OR, Wipf & Stock, 2012.

FUJIMURA Makoto, LABBERTON Mark, *Reconnecting with Beauty for Our Common Life*, Downers Grove, IL, InterVarsity Press, 2017.

GREENLEAF Robert K., *Servant Leadership: A Journey into the Nature of Legitimate Power and Greatness*, édition du 25ᵉ anniversaire, sous dir. Larry Spears, New York, Paulist Press, 2002.

GREENWAY Roger S., « The Cultural Mandate », dans *Evangelical Dictionary of World Missions*, sous dir. A. Scott Moreau, Grand Rapids, MI, Baker, 2000, p. 251-252.

GUINNESS Os, *The Call: Finding and Fulfilling God's Purpose for Your Life*, édition d'anniversaire, Nashville, Thomas Nelson, 2008.

HAMILTON JR James M., *Work and Our Labor in the Lord*, Wheaton, IL, Crossway, 2017.

HAMMOND Pete, STEVENS R. Paul, SVANOE Todd, *The Marketplace Annotated Bibliography: A Christian Guide to Books on Work*, Business and Vocation, Downers Grove, IL, IVP Academic, 2010.

HIGGINSON Richard, et al., *Questions of Business Life: Exploring Workplace Issues from a Christian Perspective*, Milton Keynes, Authentic, 2002.

Keller Timothy, *Dieu dans mon travail*, Romanel-sur-Lausanne, Éditions Ourania, 2016.

Mackenzie Alistair, « Faith at Work: Vocation, the Theology of Work and the Pastoral Implication », mémoire de master en théologie, University of Otago, 1997, https://www.theologyofwork.org/uploads/general/Vocation-Theology-of-Work-and-Pastoral-Implications-Thesis.pdf, consulté le 25 août 2020.

Mackenzie Alistair, « Seminaries Teaching Theology of Work », 2020, https://www.theologyofwork.org/resources/seminaries-teaching-theology-of-work, consulté le 25 août 2020.

Maggay Melba Padilla, *Transforming Society*, Eugene, OR, Wipf & Stock, 2010.

Malesic Jonathan, « Why We Need a New Theology of Work », *America: The Jesuit Review*, 12 septembre 2016, https://www.americamagazine.org/politics-society/2016/09/01/why-we-need-new-theology-work, consulté le 25 août 2020.

Messenger William, *Calling: A Biblical Perspective*, Theology of Work Topics 1, Cambridge, Theology of Work Project, 2013, Format Kindle.

Messenger William, sous dir., « The Bible and Your Work Study Series », Peabody, Hendrickson Publishing, 2014-2019.

Messenger William, sous dir., *Theology of Work Bible Commentary*, Peabody, MA, Hendrickson, 2015.

Mouvement de Lausanne, « L'Engagement du Cap », 2011, https://lausanne.org/fr/mediatheque/engagement-du-cap, consulté le 25 août 2020.

Novak Michael, Novak Jana, *Business as a Calling: Work and the Examined Life*, New York, Free Press, 2013.

Peabody Larry, *Curing Sunday Spectatoritis: From Passivity to Participation in Church*, Portland, OR, Urban Loft Publishers, 2016.

Peabody Larry, *Serving Christ in the Workplace*, Fort Washington, CLC Ministries, 2004.

Pape François, « Laudato Si' », http://www.vatican.va/content/francesco/en/encyclicals/documents/papa-francesco_20150524_enciclica-laudato-si.html, consulté le 25 août 2020.

Pape Jean Paul II, « Laborem Exercens », http://www.vatican.va/content/john-paul-ii/en/encyclicals/documents/hf_jp-ii_enc_14091981_laborem-exercens.html, consulté le 25 août 2020.

Ryken Leland, *Work and Leisure in Christian Perspective*, Eugene, OR, Wipf & Stock, 2002.

SMITH Gregory A., *Christian Librarianship: Essays on the Integration of Faith and Profession*, Jefferson, NC, McFarland & Co., 2002.

SMITH Kenneth L., ZEPP JR, Ira G. , *Search for the Beloved Community: The Thinking of Martin Luther King Jr*, Valley Forge, Judson Press, 1998.

STACKHOUSE Max Lynn, BERGER Peter L., MEEKS Douglas M., MCCANN Dennis, *Christian Social Ethics in a Global Era*, Nashville, Abingdon, 1995.

STEVENS R. Paul, *The Other Six Days: Vocation, Work and Ministry in Biblical Perspective*, Grand Rapids, MI, Eerdmans, 2000.

TEMPLE William, *Christian Faith in Life*, New York, Macmillan, 1931.

TERKEL Studs, *Working: People Talk about What They Do All Day and How They Feel about What They Do*, New York, MJF Books, 2004.

VEITH Gene Edward, *Working for Our Neighbor: A Lutheran Primer on Vocation, Economics and Ordinary Life*, Grand Rapids, MI, Christian's Library Press, 2016.

VOLF Miroslav, *Work in the Spirit: Toward a Theology of Work*, Eugene, OR, Wipf & Stock, 2001.

WITHERINGTON III Ben, *Work: A Kingdom Perspective on Labor*, Grand Rapids, MI, Eerdmans, 2011.

Quelques sites Internet utiles

Bam Global: Business as Mission – www.bamglobal.org

Business as Mission – www.businessasmission.com

Lausanne Movement – « La mission par les affaires » https://lausanne.org/fr/reseaux-fr/reseau-a-theme-fr/la-mission-par-les-affaires

Shared Church – http://www.sharedchurch.com

Theology of Work Project – www.theologyofwork.org

TOW International Theology of Work Grant Program – https://www.theologyofworkgrant.com/

Worldview Matters – https://biblicalworldview.com

7

Le clivage profane-sacré et la mission de Dieu

Mark Greene et Ian Shaw

Voici une histoire vraie :

Victoria est apprentie coiffeuse. Elle a dix-neuf ans et elle est en poste depuis un peu plus d'un mois. C'est un salon très fréquenté, il y a donc toujours quelque chose à faire et il faut presque toujours que ce soit fait rapidement. Elle s'y plaît bien, mais elle ressent une certaine pression. Trois semaines après le début de son travail, son pasteur anime une petite cérémonie pour la « consacrer » à son nouveau rôle professionnel. Depuis, elle est plus en paix.

Je (Mark) lui ai demandé : « Alors, quelle différence cela fait-il d'être chrétienne dans la façon de laver les cheveux de quelqu'un ? »

Victoria a répondu : « Je prie pour eux pendant que je leur applique l'après-shampooing. »

La prière de Victoria est un cadeau invisible pour ses clients – un après-shampoing apaisant pour l'âme, pas seulement pour les cheveux. Mais derrière ses prières se cache tout un ensemble de croyances :

- Victoria croit que son contexte quotidien dans un salon de coiffure est important pour Dieu.
- Elle croit que le travail qu'elle fait est important pour Dieu, et qu'il peut être fait d'une manière distinctive.
- Elle croit que Dieu est vivant et qu'il peut être à l'œuvre dans un salon de coiffure.
- Elle croit que Dieu veut bénir ses clients et qu'elle peut y contribuer.

- Elle croit au pouvoir de la prière et à la liberté de Dieu de répondre à sa manière et en son temps. Elle n'a pas besoin de voir les résultats de ces prières. En effet, de ce côté-ci du ciel, pour la majeure partie, elle ne les verra probablement pas. Mais cela vaut quand même la peine de prier : Dieu l'écoutera.
- Et elle a confiance dans le Dieu qui l'appelle à ce travail[1].

Quel genre de communauté ecclésiale fait des disciples comme Victoria ?
Quel genre de responsable d'Église forme des disciples comme Victoria ?
Quel genre d'école théologique forme des responsables d'Église qui produisent des disciples comme Victoria ?

La réalité est que le cas de Victoria est rare. La grande majorité des chrétiens, qu'il s'agisse d'enfants, d'adolescents, d'adultes jeunes ou d'âge moyen, ou de personnes âgées, n'ont pas de vision pour un engagement et un service quotidiens dans les lieux qu'ils fréquentent tous les jours : les champs, les usines, les portes des écoles, les magasins, les clubs, les bureaux. Et la raison ? Ce n'est pas la vision qui anime l'Église évangélique à l'échelle mondiale.

Notre espoir est que, grâce à ce livre, les disciples comme Victoria seront plus nombreux.

L'une des grandes joies d'être impliqué dans la formation théologique est de voir l'impact de notre travail dans la vie de nos diplômés et dans les orientations et la fécondité des Églises qu'ils dirigent. Il y a tout lieu de se réjouir. De même, l'une des responsabilités qui donnent à réfléchir lorsqu'on est impliqué dans la formation théologique est d'examiner les points forts des ministères de nos diplômés et la culture des Églises qu'ils dirigent et de nous demander si la forme de ces ministères et la culture de ces Églises sont saines, conformes à la richesse de la *missio Dei* et sensibles aux défis particuliers des communautés dont ils font partie.

Le thème de notre conférence – « Le clivage profane-sacré et la formation théologique » – part d'une hypothèse qui a été testée dans le cadre de notre travail au London Institute for Contemporary Christianity (LICC), confirmée par l'expérience de nos partenaires à Langham Partnership, et validée par des recherches et des témoignages du monde entier. Dans l'ensemble, la culture opérationnelle essentielle de l'Église évangélique mondiale a été façonnée par le dualisme, par la valorisation des activités de l'Église par rapport à l'engagement du lundi au

---

1. Adapté avec la permission de Mark Greene, *The One About… 8 Stories about God in Our Everyday Lives,* Londres, LICC, 2017.

samedi dans le monde créé par Dieu. Le fossé entre le religieux et le profane est évident dans pratiquement tous les domaines de la vie de l'Église : de l'enseignement théologique à l'édition populaire, du contenu des chants à la décoration de nos bâtiments, de la compréhension de la piété et de la fécondité en Christ au manque tragique de formation de disciples pour la vie durant, dans les Églises du monde entier. Ce fossé apparaît clairement dans la stratégie missionnaire dominante de la communauté évangélique mondiale.

En 2010, au Congrès de Lausanne pour l'évangélisation mondiale au Cap, j'ai (Mark) demandé aux délégués si la stratégie missionnaire dans les Églises de leurs pays consistait à « recruter le peuple de Dieu pour qu'il renonce à une partie de son temps libre afin de soutenir les initiatives missionnaires des travailleurs rémunérés par l'Église ». Presque tous les participants ont répondu par l'affirmative.

Certes, cette stratégie a porté beaucoup de fruits, sous la forme de toutes sortes d'initiatives de quartier et de communauté et d'un engagement croissant dans des initiatives missionnaires au-delà des frontières d'un pays. Cependant, cette stratégie d'Église rassemblée, centrée sur le pasteur et le quartier, ignore en grande partie le ministère du peuple de Dieu dispersé dans le monde dans son contexte du lundi au samedi.

C'est une stratégie incomplète, car elle réduit le potentiel des chrétiens dans le monde et limite la mission de Dieu. Elle ignore le contexte quotidien des gens, là où ils rencontrent naturellement des personnes qui ne connaissent pas Jésus. Le résultat est que 98 % des membres du peuple de Dieu – tous ceux qui ne sont pas consacrés à un ministère à plein temps rémunéré par l'Église – ne sont pas suffisamment formés et équipés pour faire des disciples et pour la mission pour les 95 % du temps où ils ne sont pas engagés dans des activités liées à l'Église.

Imaginez une usine où 98 % des personnes ne sont pas consciemment engagées dans le travail principal de l'usine. Vous penseriez que ces gens sont fous. Nous aussi *sommes* fous. Mais imaginez ce qui se passerait si nous n'étions pas insensés.

- Imaginez que l'Église dans son ensemble ait passé les cinquante dernières années à aider les gens à voir comment ils pouvaient être sel, lumière, levure et graine de moutarde à l'école, à l'université, au travail.
- Imaginez que nous n'ayons pas convaincu nos jeunes que l'agriculture, les affaires, la défense, la banque, les médias, le droit, la politique, la plomberie, le bâtiment et le nettoyage étaient des métiers de deuxième ordre.

- Imaginez si les milliers de personnes de Dieu dans ces arènes avaient été préparées, soutenues et accompagnées dans la prière.

Après tout, toutes choses bien considérées, c'est là que se prennent les grandes décisions concernant nos sociétés, que se façonnent les cultures et les priorités de nos nations. Pouvons-nous vraiment réaliser le commandement du Seigneur de « faire de toutes les nations des disciples » (Mt 28.19) sans préparer notre peuple pour les contextes dans lesquels il se trouve ? Et pourtant, c'est en général ce que nous avons fait par inadvertance.

La réalité est que le clivage entre le religieux et le profane fait croire aux chrétiens laïcs qu'ils sont des chrétiens de seconde zone. Cette dichotomie diminue la valeur de leur travail quotidien, les empêche de voir le fruit que Dieu peut produire juste là où ils sont et réduit leur ecclésiologie au contexte de l'assemblée d'Église. Ce clivage les empêche de reconnaître comment la Bible s'adresse à toute la vie, et cela diminue leur attention à l'action de Dieu dans leur vie quotidienne ordinaire, les empêchant d'accéder à la prière, à la sagesse et au soutien du corps.

En somme, le clivage sacré-profane réduit la portée même de l'Évangile. C'est un affront à l'œuvre rédemptrice et rénovatrice du Christ, qui englobe tout et suffit à tout. Cette attitude est malheureusement bien à l'œuvre dans les Églises évangéliques du monde entier, et ce depuis un certain temps déjà. Comme le disait déjà Dorothy L. Sayers en 1949 :

> L'Église n'a jamais autant perdu prise sur la réalité que lorsqu'elle a échoué à comprendre et à respecter la vocation séculière. Elle a permis que le travail et la religion deviennent des départements séparés, et elle s'étonne de constater que, suite à cela, le travail séculier du monde se soit tourné vers des fins purement égoïstes et destructives, et que la plus grande partie des travailleurs intelligents du monde soient devenus irréligieux ou du moins non intéressés par la religion... Mais est-ce bien étonnant ? Comment rester intéressé par une religion qui semble ne pas se préoccuper des neuf dixièmes de notre vie[2] ?

Son point de vue ne concerne pas seulement le travail, mais aussi l'Évangile, et il s'applique aujourd'hui. L'incapacité à bien enseigner la théologie du travail s'inscrit dans le cadre d'une incapacité plus large à offrir un évangile de la vie

---

2. D. L. SAYERS, « Why Work? », dans *Letters to a Diminished Church: Passionate Arguments for the Relevance of Christian Doctrine*, Nashville, Thomas Nelson, 2004.

entière aux non-croyants. Il n'est pas étonnant que les gens (ou du moins, tant de gens en Occident) ne soient pas interpelés par l'Évangile. En effet, l'évangile que nous présentons inclut rarement une vision convaincante de la transformation de la vie quotidienne ordinaire. Rien d'étonnant à ce que la croissance numérique extrêmement encourageante des Églises dans des pays comme le Guatemala ne soit pas suivie d'un recul de la corruption ou de la violence domestique, si l'évangile prêché n'a pas intégré ces préoccupations.

Le problème du clivage entre le religieux et le profane est aggravé par la difficulté de reconnaître cette dichotomie en nous-mêmes. Peu de pasteurs diront que Dieu ne s'intéresse pas au travail, aux études ou aux tâches ménagères des gens, et pourtant la plupart des Églises fonctionnent ainsi. Le pouvoir du clivage entre le sacré et le profane dans la vie des pasteurs n'est donc pas dû au fait qu'ils pensent que celui-ci est fondé, mais au fait qu'il façonne implicitement leur ministère.

Voici, par exemple, une citation d'un instituteur : « Je passe une heure par semaine à enseigner à l'école du dimanche et l'on me fait venir sur l'estrade afin de prier pour moi. » Quelle est la deuxième partie de la citation ? « Le reste de la semaine, je suis un enseignant à plein temps et l'Église n'a jamais prié pour moi. »

Peu de pasteurs *diraient* vraiment que les quarante heures que cet instituteur passe à enseigner dans son école du lundi au vendredi sont moins importantes pour Dieu que les quarante-cinq minutes qu'il passe à enseigner à l'école du dimanche, mais c'est implicitement ce qui a été communiqué. Là où une Église se mobilise pour prier, là se trouve son cœur.

De même, la puissance du clivage sacré-profane dans la formation théologique ne tient pas au fait que nous croyons nous-mêmes que toute la vie n'est pas importante pour Dieu. Nous connaissons nos Bibles. Non, le pouvoir du clivage entre le sacré et le profane est le suivant : la plupart d'entre nous ne pensent pas que cette dichotomie nous influence réellement ni que nous devions faire partie de la solution – laissons cela aux missiologues. Mais le clivage est néanmoins omniprésent. Il affecte notre stratégie missionnaire, car il a déjà façonné la manière dont nous lisons nos Bibles et dont nous enseignons la doctrine.

Le clivage sacré-profane a affecté tous les aspects de la vie de l'Église et la compréhension opérationnelle de presque toutes les doctrines. Il restreint notre ecclésiologie en mettant davantage l'accent et la valeur sur l'Église rassemblée que sur l'Église déployée. Il réduit notre pneumatologie en limitant involontairement nos attentes de l'action de l'Esprit à des lieux particuliers et à des types particuliers de tâches. Il réduit notre sotériologie en se concentrant sur la conversion individuelle plutôt que sur la formation de disciples pour la vie durant et la *missio Dei*… et ainsi de suite. Le clivage entre le religieux et le profane a affaibli notre compréhension de Dieu, véritable Seigneur de tous, qui a non seulement créé toutes choses pour sa gloire, mais qui, à la suite de la chute, a envoyé son Fils pour réconcilier avec lui toutes choses dans les cieux et sur la terre, par son sang versé sur la croix.

Cependant, il s'agit là de bien plus qu'un plaidoyer pour un cours sur la mission intégrale ou le ministère sur le lieu de travail, ou pour recentrer la foi sur le lieu de travail. En fait, de telles initiatives peuvent servir à renforcer le problème en suggérant involontairement qu'il s'agit d'un sujet à traiter plutôt que d'une vision du monde très répandue et qu'il faudrait déraciner.

Le fossé entre le religieux et le profane n'est pas comme une balle de golf dans une salade de fruits : facile à repérer, facile à retirer. Non, il est comme le vinaigre dans le jus. Il pénètre tout.

Nous autres, Occidentaux, avons transmis ce virus hérétique à l'Église mondiale. En effet, dans le projet de deux ans intitulé « Overcoming the Sacred-Secular Divide through Theological Education[3] » qu'Antony Billington et Mark Greene du LICC et le Dr Ian Shaw de Langham Partnership ont mené avec des enseignants théologiques du monde entier, nous avons appris que, si le fossé entre le religieux et le profane se manifeste de différentes manières au Guatemala et au Gujarat, à Singapour et à Sarajevo, il n'en demeure pas moins une force virulente et ravageuse.

L'une des implications pratiques de cette situation pour les enseignants en théologie est la réalité suivante : la plupart d'entre nous font partie d'Églises qui maintiennent le fossé entre le religieux et le profane, et nous n'avons peut-être jamais vu à quoi pourrait ressembler une Église ayant réussi à combler ce fossé. Nous n'avons peut-être pas une idée précise du type de communauté que nous souhaitons voir nos étudiants diriger, ou une idée de ce que peut être une vie de disciple fructueuse pour un coiffeur, un travailleur social, un étudiant universitaire, une femme au foyer ou un cadre d'entreprise.

Cela nous place devant un défi particulier. Après tout, en tant que formateurs en théologie, nous devons à juste titre être en dialogue avec les universitaires de notre discipline, et nous devons à juste titre être en dialogue avec

---

3. Voir le rapport et les recommandations pour les pratiques d'excellence dans Mark Greene et Ian Shaw, sous dir., *Whole-Life Mission for the Whole Church: Overcoming the Sacred-Secular Divide through Theological Education*, Carlisle, Langham Global Library, 2021.

les dénominations et les Églises que nous servons. Mais nous ne pouvons pas compter sur ces conversations pour éclairer notre compréhension de la dynamique des lieux où se trouvent les membres du peuple de Dieu au jour le jour, ainsi que des opportunités et des défis qui se présentent à eux. Nous aussi, nous devons comprendre non seulement les macro-forces à l'œuvre dans nos cultures nationales, mais aussi les contextes dans lesquels le peuple de Dieu est appelé à être sel et lumière, et à rechercher et prier pour leur *shalom*.

L'omniprésence du clivage entre le religieux et le profane rend notre compréhension de nos contextes culturels encore plus cruciale, précisément parce que la plupart de nos étudiants viennent aussi dans nos écoles théologiques à partir d'Églises divisées entre le religieux et le profane, et retournent dans l'ensemble vers les mêmes types d'Églises.

Ainsi, le défi pour nos institutions ne consiste pas seulement à nous demander :

- La culture de mon institution est-elle affectée par le clivage religieux-profane ?
- Le clivage religieux-profane affecte-t-il mon enseignement ?
- Suis-je affecté par le clivage religieux-profane ?

Mais aussi de nous demander :

- Avons-nous une vision de ce que pourrait être la vie de disciple du lundi au samedi pour les gens de nos propres Églises ?
- Savons-nous à quoi pourrait ressembler une Église qui forme des disciples pour toute la vie ?

La raison pour laquelle il est important de se poser ces questions est que ces Églises-là sont extrêmement rares. Dans l'ensemble, les unions d'églises n'ont jamais demandé aux écoles théologiques de former des pasteurs capables de faire des disciples pour la vie durant. Cependant, comme le dit l'évêque Graham Cray, auteur de *Mission-Shaped Church* et ancien directeur de Ridley Hall à l'université de Cambridge, « les Églises doivent prendre conscience que le cœur de leur vocation est d'être des communautés qui font des disciples, quoi qu'elles fassent d'autre[4] ».

---

4. Cité dans une allocution prononcée à la London Institution for Contemporary Christianity au cours de l'été 2010. Voir aussi G. Cray, *Disciples and Citizens: A Vision for Distinctive Living*, Nottingham, Inter-Varsity Press, 2007 ; et G. Cray, *Who's Shaping You? 21st Century Disciples*, Harpenden, Cell UK, 2010.

Dans une plus large mesure que nous ne le concevons souvent, la culture de notre Église locale est profondément affectée par le fossé entre le religieux et le profane. Il influence les chants que nous chantons – qui abordent rarement la vie du lundi au samedi. Il affecte les personnes et les sujets inscrits sur la liste de prière – rarement les champs de mission de la congrégation du lundi au samedi. Il affecte ce qui est à l'ordre du jour de nos réunions – et c'est rarement la transformation de tout le peuple de Dieu en disciples. Il affecte les histoires que nous racontons à l'Église, notre choix des personnes que nous louons en public, la façon dont les pasteurs passent leur temps, ce qu'ils voient dans la Bible, ce qu'ils choisissent de prêcher, les illustrations qu'ils donnent.

Il y a quelque temps, lorsque j'enseignais (Mark) à la London School of Theology, j'ai mené des recherches sur la prédication évangélique[5]. Nous avons découvert que plus de 50 % des évangéliques n'avaient jamais entendu de sermon sur le travail et que, de manière plus significative, un pourcentage plus élevé ne pensait pas avoir une compréhension biblique du travail et de son rôle dans leur vie.

Comment est-ce possible ? Après tout, la Bible regorge de textes concernant le travail et applicables au travail. De la Genèse à l'Apocalypse, le travail est un thème récurrent, dans la création et la chute, dans la construction de l'arche et de la tour, dans les relations de Jacob avec Laban, dans la croissance de Joseph, dans la pratique de Moïse, dans les instructions et les commandements du Lévitique et du Deutéronome, dans l'exercice de l'autorité chez Déborah et les autres juges, dans les Rois, dans la praxis contre-culturelle de Boaz sur son lieu de travail, dans les fréquents appels de David dans les Psaumes pour de l'aide dans son environnement de travail souvent hostile, et ainsi de suite à travers Néhémie, Esther, Proverbes, Ecclésiaste, les Prophètes, les Évangiles, Philippiens, Colossiens, Thessaloniciens et l'Apocalypse.

Le thème du travail se trouve partout dans la Bible. Non seulement il est absolument évident que le travail est abordé dans les textes, mais il est absolument évident que ce thème devrait être une préoccupation pour toute personne d'Église qui exerce une activité ou une profession. Alors pourquoi les prédicateurs évangéliques ne l'ont-ils pas prêché ? C'est bien cela, le clivage religieux-profane en action. Soit nous ne le voyons pas, soit nous choisissons de ne pas le dénoncer quand nous le constatons.

---

5. Mark Greene, « Is Anybody Listening? », *Anvil* 14, n° 4, 1997, p. 283-294.

C'est une problématique herméneutique, homilétique et doctrinale. Mais c'est aussi une préoccupation pastorale, une préoccupation « missionnelle » et donc qui a trait au discipulat. D'une certaine manière, il est bien possible que nos diplômés quittent l'école théologique sans savoir qu'une composante essentielle de leur ministère consiste à aider le peuple de Dieu à vivre sa vocation de sacerdoce royal (cf. 1 P 2.9) dans sa vie du lundi au samedi. Nous pourrions, à juste titre, nous demander quelle vision nous transmettons du rôle du chrétien dans le monde.

Cette problématique n'a pas seulement un impact sur les individus : elle a aussi un impact sur les nations. Dans les années 1950, en Allemagne, l'Église s'est interrogée : comment se fait-il que l'Église et la nation aient, pour la plupart, succombé si facilement au nazisme ? Il y avait certes de nombreux facteurs, mais l'une des principales conclusions retenues était la suivante : l'Église n'avait pas une doctrine de l'élection suffisamment solide.

Honnêtement, lorsqu'un chercheur m'a dit cela un jour, je ne l'ai pas compris en raison d'une fausse idée sur la doctrine de l'élection. Pendant mes études universitaires, nous nous sommes concentrés sur la prédestination et la double prédestination, sur le débat entre Calvin et Arminius et les théologiens qui les ont suivis. On s'interrogeait sur qui était élu, qui ne l'était pas et combien de personnes étaient élus. C'est une question importante et un très bon sujet pour aider les étudiants à développer une méthode théologique – à faire la synthèse entre des compétences exégétiques, analytiques, historiques, philosophiques et rédactionnelles.

Mais tout cela, répondit mon ami chercheur, n'est pas le cœur de la doctrine de l'élection. Le cœur de cette doctrine est que nous avons été choisis comme un royaume de prêtres dans le monde avec un rôle particulier à jouer. Si nous ne comprenons pas clairement notre vocation dans le monde, il est peu probable que nous nous efforcions de l'accomplir. C'est ce qui est arrivé à l'Église en Allemagne. Et cela s'est certainement produit dans ma propre nation.

Cette question a une grande importance pour l'Église locale. Quelle personne les gens de Dieu se voient-ils appelés à être ? Quel est, selon eux, leur rôle dans le monde ?

La prédication biblique et l'enseignement doctrinal sont évidemment des sujets importants qui concernent l'un des principaux moteurs de la vie de l'Église – l'enseignement et la prédication devant l'Église réunie le dimanche. Mais le clivage sacré-profane peut pénétrer quelque chose d'insignifiant en apparence, telle une diapositive sur laquelle figurent les paroles d'un cantique. Prenez un chant comme « Sois seul ma vision », qui commence ainsi :

> Sois seul ma vision, ô Roi de mon cœur
> Brise en moi tout autre désir Seigneur !

Dans de nombreuses Églises, les paroles des chants sont projetées sur un fond représentant un coucher de soleil sur l'océan ou une belle scène de campagne. Il n'y a rien de mal à ces images. Les cieux révèlent la gloire de Dieu, et beaucoup d'entre nous se sentent plus proches de Dieu dans sa création. Cependant, de telles images impliquent que Dieu se trouve dans la nature, en dehors de nos contextes habituels, et non *dans* nos contextes quotidiens.

Vous ne verrez presque jamais les paroles d'un cantique sur fond du bidonville de votre ville, ou sur fond d'usine, ou sur fond d'une image de vaisselle dans un évier, ou de boîte de nuit. Mais le pasteur qui place des images comme celles-ci en arrière-plan de ces chants évoque une vision beaucoup plus riche de l'étendue des préoccupations de Dieu, des endroits où il peut être trouvé et du rôle du peuple de Dieu dans le monde que le responsable d'église qui utilise l'image d'un coucher de soleil doré.

De quelle manière formons-nous nos pasteurs ? Quelle est leur compréhension de leur propre rôle par rapport au peuple de Dieu et comment cela façonne-t-il notre enseignement et nos évaluations ?

Les formons-nous à créer des communautés dont les membres cherchent intentionnellement à s'aider mutuellement à croître dans la fécondité pour le Christ dans tous les domaines de la vie ? Dans l'ensemble, non, nous ne le faisons pas. Si les pasteurs s'attendent bien à prendre soin des personnes ayant besoin d'un suivi pastoral, ils ne s'attendent pas à les aider à exercer une influence pour le Christ dans l'usine où ils travaillent, et encore moins à devoir les préparer et les former pour le faire. Voilà, là aussi, le fossé entre le religieux et le profane.

Il y a quelque temps, moi (Mark) et mon collègue, le pasteur Dr Neil Hudson, pionnier de l'implantation d'Églises ayant pour but de former des disciples la vie durant[6], avons rencontré un jeune homme appelé Ed, lors d'une conférence. Ed travaillait dans une usine, il était surqualifié pour son travail et s'y ennuyait. Il avait prié pour un nouveau travail. Rien ne s'est produit. Il a demandé à son groupe de maison de prier pour qu'il trouve un nouvel emploi. Rien ne s'est

---

6. Il est d'ailleurs l'auteur d'un ouvrage à ce sujet : *Imagine Church: Releasing Whole-Life Disciples*, Nottingham, Inter-Varsity Press, 2012.

produit. Il a demandé à l'Église de prier pour qu'il trouve un nouvel emploi. Rien ne s'est produit. Que diriez-vous pour aider Ed ?

Dans bien des régions du monde, on pourrait simplement lui faire remarquer qu'il a beaucoup de chance d'avoir un emploi et de pouvoir subvenir à ses besoins et à ceux des autres grâce au travail que le Seigneur lui a accordé.

Vous pourriez répondre de manière « pastorale » : « Ed, le Seigneur vous enseigne la patience et la persévérance. Le Seigneur est souverain et il pourvoira en son temps. »

Vous pourriez répondre de manière pratique : « Ed, peut-être que si tu retirais les anneaux de ton nez et que tu te faisais couper les cheveux, tu aurais plus de chances... »

Mon collègue lui a dit : « Eh bien, si vous et votre groupe de prière et toute votre Église avez prié et que Dieu ne vous a pas donné un nouveau travail, alors la question est : qu'est-ce que Dieu veut que vous fassiez dans ce lieu ? » Et il a cité Jérémie 29.7 : « Recherchez le bien-être de la ville où je vous ai exilés et intercédez auprès de l'Éternel en sa faveur, parce que votre propre bien-être est lié au sien. »

Et Ed de répondre : « Vous voulez dire que je suis censé être une bénédiction sur mon lieu de travail ? »

À partir de ce moment-là, Ed est arrivé dix minutes à l'avance pour prendre son poste et s'est lié aux personnes qui quittaient leur poste et à celles qui arrivaient. Il a commencé à prier pour les gens sans qu'ils le sachent, puis à prier pour les gens en le leur disant. Son travail était-il toujours aussi ennuyeux ? Oui. Sa journée était-elle ennuyeuse ? Non. Il travaillait avec Dieu.

Cela a l'air d'une petite chose, mais cela a représenté un changement de paradigme important, à la fois pour Ed et pour ce que cela dit du potentiel de la relation entre le pasteur et les gens. Les membres de l'Église s'attendent à ce que l'on s'occupe d'eux en cas de crise personnelle, mais bien souvent, ils ne s'attendent pas à être équipés pour la mission dans leurs activités quotidiennes. Et cela représente un changement significatif mais nécessaire dans la connaissance de soi et du rôle des pasteurs : passer de l'attention pastorale à la formation de disciples pour toute la vie et à la préparation à la mission ; de la gestion des activités de l'Église locale à l'inspiration et à l'habilitation des personnes à avoir un impact pour le Christ dans leur vie quotidienne, où qu'elles soient.

Voilà ce que Neil a fait : il a aidé Ed à voir comment il pouvait participer à la mission de Dieu là où il se trouvait. Et c'est l'une des tâches principales des responsables d'églises : donner aux gens une vision « missionnelle » pour toute leur vie et les former à la vivre.

Nous le voyons dans la praxis de Jésus. Dans son ministère public, il a passé beaucoup de temps à enseigner à de grands groupes de personnes, et même à traiter des maladies physiques et spirituelles, mais il semble avoir passé la majorité de son temps avec un petit groupe dans un contexte d'interaction et de dialogue – à faire des disciples.

Mais ce n'est pas seulement dans sa propre pratique que Jésus s'est centré sur la formation de disciples ; cette même exigence a été transmise à ses disciples. Dans l'Évangile de Matthieu, les célèbres derniers mots de Jésus sont les suivants : « Allez [...] faites de toutes les nations des disciples, baptisez-les au nom du Père, du Fils et du Saint-Esprit et enseignez-leur à mettre en pratique tout ce que je vous ai prescrit » (Mt 28.19-20).

Il n'a pas dit « Allez et faites des convertis », mais « Allez et faites des disciples ». Il y a une grande différence entre un converti et un disciple. Un converti a atteint sa destination, le salut ; un disciple est en train d'apprendre à vivre à la manière de Jésus dans tous les domaines de la vie.

En fait, lorsque Jésus a prononcé ces mots, je devine que les premiers disciples qui avaient passé les trois dernières années avec lui ont compris qu'il voulait dire : « Allez et ayez avec les autres le genre de relation que j'ai eue avec vous. »

Cette relation était interactive, suivie et personnelle. Jésus mangeait, buvait, voyageait avec ses disciples, répondant aux questions, abordant les problèmes de caractère et réfléchissant de manière proactive avec eux sur leur expérience. Combien d'entre nous ont déjà eu une relation de ce type avec un chrétien plus mûr ? Combien parmi nous ont des relations avec des personnes dans leurs assemblées qui ressemblent à celle décrite ci-dessus ? Combien d'écoles théologiques ont formé leurs étudiants à nouer avec d'autres personnes des relations qui font des disciples ? Dans notre étude à l'échelle mondiale, nous avons trouvé très peu d'exemples de ce type de relations et d'initiatives de formation.

Le clivage entre le sacré et le profane n'a pas seulement réduit notre compréhension de la portée de la formation de disciples, mais il nous a également aveuglés quant à sa nécessité. La formation théologique existe pour servir l'Église : pas nécessairement pour fournir ce dont une Église divisée entre sacré et profane nous dit avoir besoin, mais pour fournir ce dont l'Église a réellement besoin pour servir la *missio Dei* dans notre contexte à ce moment-ci de l'histoire.

Le défi de créer des communautés « missionnelles » qui font des disciples du lundi au dimanche ne sera pas relevé simplement en créant de nouvelles ressources, de nouveaux programmes ou de nouveaux modules de formation, mais par un effort concerté pour changer la culture de base de l'Église locale en une culture de mission qui dure toute la vie. Le rôle des écoles théologiques est de veiller à ce que les étudiants disposent des fondements théologiques, des aptitudes exégétiques, de la volonté de diriger et des compétences pratiques pour le faire.

Comme nous l'avons mentionné, les organisations Langham Partnership et LICC ont participé à un projet de recherche de deux ans pour aider à développer les pratiques d'excellence. Nous avons mis en place quatre ateliers collectifs de quatre jours avec des formateurs en théologie de diverses institutions d'Europe, d'Amérique latine, d'Afrique et d'Asie. Les objectifs étaient triples :

- apprendre comment le clivage sacré-profane se manifeste dans différents contextes culturels ;
- identifier les pratiques d'excellence – ce qui fonctionne, pourquoi cela fonctionne, ce qui est transmissible ;
- tester et développer des outils qui sensibilisent aux questions d'actualité, et des outils qui combattent les problèmes et créent une nouvelle culture pour la vie entière.

Nous avons beaucoup appris en cours de route. Nous avons été encouragés par des exemples de pratiques libératrices dans la culture institutionnelle, dans la conception des programmes et dans l'évaluation. En effet, il y avait bien assez d'exemples d'interventions différentes pour nous convaincre que n'importe qui, à n'importe quel niveau de l'enseignement théologique, peut commencer à faire une différence dans son propre contexte – même si changer un cours ou l'institution dans son ensemble prend plus de temps. Il n'est pas nécessaire d'avoir de l'argent ou une formation spécialisée. La prière, l'imagination, l'initiative et la curiosité à l'égard du caractère de la vie quotidienne des gens dans le monde constituent une alliance exaltante.

Les résultats de ce travail sont publiés dans *Theological Education and Mission for All God's People: Overcoming the Sacred/Secular Divide – Ways Forward*[7], avec des contributions d'enseignants théologiques du monde entier. Cet ouvrage présente la vision d'un discipulat pour la vie durant et d'une Église qui fait des disciples pour la vie durant. Il examine le clivage religieux-profane à la lumière de l'Écriture, puis passe en revue les principales sources de la réflexion théologique historique et contemporaine. Il explore les principes qui peuvent alimenter des changements concrets dans les programmes, les modules, les conférences, la culture institutionnelle et notre propre vie de disciple, en proposant des exemples

---

7. GREENE et SHAW, *Theological Education*.

de pratiques d'excellence dans le monde entier. Notre vœu est qu'avec le travail de cette conférence, il contribue à répandre une culture contagieuse et dynamique de formation de disciples pour la vie durant, que nos étudiants pourront apporter à leurs ministères dans l'Église et la société.

Questions pour la réflexion personnelle et la discussion de groupe

1. Prenez un moment pour réfléchir à l'exemple partagé au début du chapitre : Victoria sert Dieu et exerce son ministère auprès des autres à travers son travail de coiffeuse. Dans votre propre contexte, connaissez-vous quelqu'un comme Victoria qui répond consciemment à sa vocation de disciple, de service et de mission chrétienne à travers son activité quotidienne ?

2. Si vous avez à l'esprit l'exemple d'une personne comme Victoria, partagez-le avec les membres de votre groupe de discussion. Quelles influences formatrices ont façonné (ou continuent de façonner) la compréhension que cette personne a de son travail, de son appel, de son rôle de disciple et de sa mission ?

3. En réfléchissant à l'exemple de Victoria (et à vos propres exemples), comment répondriez-vous aux questions suivantes posées par l'auteur :

- Quel genre de communauté ecclésiale fait des disciples comme Victoria ?
- Quel genre de responsable d'Église produit des disciples comme Victoria ?
- Quel genre d'école théologique produit des responsables d'Église qui produisent des disciples comme Victoria ?

4. Les réponses à la question 3 renforcent-elles votre comportement ou incitent-elles à un besoin de changement ? Priez pour avoir la sagesse d'appliquer ces idées dans vos relations et votre enseignement.

5. Si vous enseignez dans une institution théologique, réfléchissez à la manière dont le clivage sacré-profane se manifeste dans la culture institutionnelle de l'école, dans les priorités du programme d'études et dans votre propre enseignement. Plusieurs exemples peuvent être partagés et analysés de manière constructive par le groupe.

6. Discutez des façons dont le clivage sacré-profane est évident dans les Églises évangéliques de votre contexte, en considérant des aspects tels que les

programmes et les priorités des Églises locales, la culture institutionnelle, les hypothèses communes concernant la formation des disciples, le ministère et la mission, etc.

7. Quelles idées pratiques pouvez-vous suggérer pour aider les écoles théologiques et les Églises dans votre contexte à devenir plus efficaces dans ce que les auteurs décrivent comme « la formation de disciples du lundi au samedi » et « la formation de disciples pour toute la vie » ?

8. Engagez-vous à prier pour les membres de votre groupe, afin qu'ils soient en mesure de mettre en œuvre de tels changements.

Références

CRAY G., *Disciples and Citizens: A Vision for Distinctive Living*, Nottingham, Inter-Varsity Press, 2007.

CRAY G., *Who's Shaping You? 21st Century Disciples*, Harpenden, Cell UK, 2010.

GREENE Mark, « Is Anybody Listening? », *Anvil* 14, n° 4, 1997, p. 283-294.

GREENE Mark, *The One About... 8 Stories about God in Our Everyday Lives*, Londres, LICC, 2017.

GREENE Mark, SHAW Ian, sous dir., *Whole-Life Mission for the Whole Church: Overcoming the Sacred-Secular Divide through Theological Education*, Carlisle, Langham Global Library, 2021.

HUDSON, Neil, *Imagine Church: Releasing Whole-Life Disciples*, Nottingham, Inter-Varsity Press, 2012.

SAYERS, D. L., « Why Work? », dans *Letters to a Diminished Church: Passionate Arguments for the Relevance of Christian Doctrine*, Nashville, Thomas Nelson, 2004.

Section 4

Un appel venant de l'autre bord

Dans les chapitres précédents, nous avons entendu différents « appels » : à l'intégration, à la vertu et à l'Église. Dans la présente section, nous entendons un appel de type « macédonien » : ceux qui se situent du côté académique du clivage (les universitaires) demandent l'aide des théologiens sur la façon dont ils peuvent remplir efficacement leur vocation d'universitaires chrétiens. Un nombre croissant d'universitaires chrétiens prennent conscience de la nécessité d'une compréhension plus profonde et d'une connaissance plus sophistiquée de la théologie. Spécialistes dans leurs domaines respectifs, ces enseignants-chercheurs ont besoin de connaissances théologiques à la hauteur de leur propre expertise.

Cette section fournit des indications pratiques sur la manière dont les théologiens et les universitaires peuvent travailler ensemble pour former une communauté herméneutique. Elle met au défi les érudits des deux côtés du clivage d'aller au-delà de leurs propres disciplines. Pour les théologiens, il s'agirait d'imaginer à quoi ressemblerait la théologie dans le contexte de l'université. Quels sont les questions, les problèmes et les préoccupations des universitaires qui appellent à la contribution des théologiens ? L'un des obstacles est la surspécialisation et les dichotomies entre les disciplines. Cela est particulièrement vrai au sein de l'école théologique, où il n'est pas rare d'entendre des commentaires tels que « le théologien ne parle jamais avec le bibliste », et vice versa. Avant même de commencer à réfléchir à la manière dont ils peuvent aider d'autres chercheurs au-delà des clivages, les théologiens doivent d'abord apprendre à collaborer les uns avec les autres au sein de l'école théologique.

La bonne nouvelle est que nous disposons désormais de modèles ou d'ébauches pour y parvenir. Cette section présente quelques exemples de collaboration entre théologiens et universitaires d'autres domaines qui ont permis à chacun de contribuer à l'autre. L'espoir est que les théologiens voient leur vocation non seulement à l'intérieur de l'école théologique et de l'Église, mais aussi dans la société au sens large.

8

Mais où sont les théologiens ?

Un appel du côté des érudits

Terence Halliday

Je tiens tout d'abord à remercier le Dr Riad Kassis et les organisateurs de cette consultation de m'avoir invité, moi qui ne suis pas du milieu de l'enseignement théologique, à me joindre à vos riches conversations lors de cette conférence. Cela a été une source d'inspiration et de motivation. J'ai beaucoup appris.

Je commencerai par un texte que nous connaissons très bien :

> Au commencement était celui qui est la Parole de Dieu. Il était avec Dieu, il était lui-même Dieu. Au commencement, il était avec Dieu. *Dieu a tout créé par lui ; rien de ce qui a été créé n'a été créé sans lui.* En lui résidait la vie, et cette vie était la lumière des hommes. La lumière brille dans les ténèbres et les ténèbres ne l'ont pas étouffée.
> (Jn 1.1-5, version BDS, italiques ajoutés)

Je suis un sociologue universitaire spécialisé dans les changements juridiques mondiaux[1]. Lors d'une enquête sur le terrain à Hong Kong quelques semaines avant cette conférence, j'ai discuté avec un professeur de droit chrétien audacieux et courageux de l'université de Hong Kong. Ce dernier a pris une position forte contre les attaques envers la liberté d'expression et la liberté de réunion et pour les manifestations pacifiques et la démocratie à Hong Kong. Il en a déjà payé le prix fort, dont l'emprisonnement. Je lui ai posé la question : « Qu'est-ce qui, dans votre compréhension théologique, vous permet de prendre cette position publique ? » Il a répondu (et je paraphrase) : « J'ai un frère chrétien proche, un théologien, qui discute avec moi et me permet de discerner ce que devrait être une bonne société à Hong Kong et comment aider à la construire. »

Permettez-moi de me livrer à une « publicité » qui m'aide à cadrer mon point de vue. L'année dernière, ma co-auteure et moi-même avons publié notre livre *Global Lawmakers*[2] sur la manière dont les Nations Unies élaborent des lois pour régir le commerce mondial. Nos questions étaient simples à poser, mais il était difficile d'y répondre. Qui fait la loi dans le monde ? Quelles voix dominent et quelles voix se taisent ? Comment ces lois influencent-elles le commerce mondial ? Qui en profite et qui en pâtit ? Comment le processus législatif mondial pourrait-il être modifié pour être rendu plus légitime, plus équitable, etc. ?

Bien sûr, en tant que sociologue du droit et des marchés, je sais assez bien comment réfléchir à ces questions – même si les critiques peuvent ne pas être d'accord ! Je crois pouvoir, dans une petite mesure, exercer une influence sur la gouvernance mondiale du commerce et des échanges. Mais je suis aussi une personne de foi. Je suis un citoyen du royaume de Dieu. Je dois sûrement être appelé *à la fois* à faire progresser la connaissance et la compréhension dans mon domaine d'études *et* à construire le royaume de Dieu dans ma sphère de travail.

Mon défi personnel consiste à mener de front les deux domaines. Je traverse le monde grâce à mon identité de chercheur universitaire. En tant que professeur bénévole de l'International Fellowship of Evangelical Students (IFES), je m'adresse à des groupes d'étudiants et de professeurs sur presque tous les continents. Et partout où je vais, les professeurs et les étudiants posent la même question, de manière directe ou indirecte : *Comment* puis-je penser de manière

---

1. Pour plus de détails, voir « Terence HALLIDAY », American Bar Foundation, http://www.americanbarfoundation.org/faculty/profile/10.
2. Susan BLOCK-LIEB et Terence C. HALLIDAY, *Global Lawmakers: International Organizations in the Crafting of World Markets*, Cambridge/New York, Cambridge University Press, 2017.

chrétienne ? Cela me conforte dans la certitude que ce n'est pas juste moi qui me pose cette question.

Nous sommes des centaines et des milliers, professeurs chrétiens, à avoir besoin d'être armés pour penser chrétiennement.

- Nous travaillons dans les facultés d'agriculture et les départements d'économie.
- Nous travaillons dans les écoles des beaux-arts et les instituts d'études juridiques.
- Nous travaillons dans les centres de contrôle des maladies et les facultés des arts et des sciences humaines.
- Vous pouvez nous trouver à l'œuvre dans les écoles de commerce et les études littéraires.
- Nous sommes présents dans les facultés de sylviculture et d'architecture.
- Nous sommes présents dans les groupes de réflexion et les écoles d'enseignement des politiques publiques.
- Nous travaillons sur les accélérateurs nucléaires et les drones sous-marins.
- Partout où l'enseignement supérieur existe, nous sommes présents.

Dieu nous a placés dans ces lieux dans le but de construire son royaume. Mais beaucoup d'entre nous, peut-être même nous tous, sommes incomplets. Nous pouvons certes avoir des qualifications avancées dans nos domaines académiques. Nous sommes peut-être les spécialistes dans notre domaine. Nous sommes peut-être à la pointe de la recherche. Nous pouvons être les enseignants d'une génération montante ou les conseillers de gouvernements et d'organisations internationales.

Mais nous souffrons d'une grande faiblesse : la plupart d'entre nous sont insuffisamment préparés sur le plan théologique. Il existe une énorme asymétrie entre le niveau de notre compréhension scientifique et le degré de notre sophistication théologique. Nous pouvons avoir obtenu des diplômes de doctorat dans notre domaine d'étude, mais notre théologie reste au niveau de l'école primaire ou d'enseignement secondaire.

Mon interpellation d'aujourd'hui est donc très simple – et très audacieuse. Où sont les théologiens ? Où sont nos sœurs et frères dans la foi qui sont forts là où nous sommes faibles ? Où sont les partenaires de conversation, les interlocuteurs, les penseurs qui peuvent nous sortir de l'analphabétisme, qui peuvent nous former pour être des serviteurs plus complets sur le terrain fertile de l'université ? De l'autre côté du clivage, du côté universitaire, je lance un appel à l'aide – une aide qui nous permettra d'abord « toutes les choses » que nous étudions à l'université avec les yeux de la foi.

Quelques clarifications

Commençons par quelques précisions :

1. Pour des raisons de simplicité, je vais utiliser le terme « école théologique » pour couvrir tous les types d'enseignement théologique représentés dans cette consultation.
2. Je vais utiliser le terme « théologie » pour signifier toute compréhension réfléchie de Dieu et de son œuvre « en toutes choses ».
3. J'utilise le terme « théologien » de manière assez large pour désigner tous les professeurs ou enseignants des écoles théologiques, bien que j'adresse un appel particulier à ceux qui se décrivent comme des « théologiens ».
4. J'utilise le terme « université » pour désigner toute institution d'enseignement supérieur, de recherche avancée et d'érudition.
5. Lorsque je parle de « corps enseignant », j'inclus les enseignants de l'enseignement supérieur, les étudiants de troisième cycle, les étudiants postdoctoraux et les chercheurs des instituts d'études avancées.

La raison pour laquelle ce défi arrive à point nommé

L'une des constantes dans les Écritures est la *surprise*. En ce moment, trois événements me portent à croire qu'une nouvelle possibilité de relations s'ouvre entre théologiens et chercheurs des autres disciplines.

Tout d'abord, je discerne une petite effervescence, un remue-ménage, une accélération de l'Esprit, à travers le monde, parmi les chrétiens dans les universités et leurs parties prenantes. À l'université d'Oxford, cela prend la forme d'un programme dynamique pour les professeurs et les étudiants diplômés sur le thème « développer une intelligence chrétienne[3] ». L'une des branches du mouvement américain InterVarsity exhorte les étudiants et les professeurs à « intégrer la foi et l'érudition[4] ». Au cours de la dernière décennie, j'ai participé

---
3. Voir Developing a Christian Mind at Oxford, https://dcmoxford.org/.
4. « Graduate and Faculty Ministries », InterVarsity, https://gfm.intervarsity.org/.

à un mouvement mondial au sein de l'IFES pour « engager l'université[5] ». Le philosophe-théologien Nicholas Wolterstorff de l'université de Yale a encouragé la publication d'une série de livres sur la façon de concevoir les disciplines universitaires « à travers les yeux de la foi ».

De plus, dans de nombreuses parties du monde, il existe une cohorte de professeurs chevronnés qui viennent de prendre leur retraite, qui s'en approchent ou qui l'envisagent. Nombre de ces professeurs chrétiens sont sans doute à la recherche d'un nouvel appel qui leur permettra de mettre tout l'acquis de leur carrière académique au service du développement de l'esprit chrétien dans leur université.

Enfin, j'entends des signaux clairs de deux évolutions, au moins dans les grandes universités du Nord mondial. D'une part, comme me l'a dit récemment un éminent chercheur de l'université de Cambridge, on a le sentiment dans certaines grandes universités que la confiance en soi des séculiers commence à vaciller et à trébucher. D'autre part, nous voyons des ouvertures pour des engagements réfléchis sur la religion, et la place légitime des religions, y compris le christianisme, à l'intérieur des murs de l'université.

L'ensemble de ces développements suggère que nous sommes à un moment critique où les théologiens sont appelés à dépasser les clivages pour donner aux professeurs chrétiens une nouvelle vision et un nouveau regard sur le développement d'un esprit chrétien dans toutes les parties de l'université.

Pourquoi franchir le fossé ?

Pourquoi les écoles théologiques et les théologiens devraient-ils franchir le fossé sacré-profane ? Ces derniers mois, j'ai posé cette question à de nombreux universitaires, théologiens et éducateurs en théologie. Voici ce qu'ils me répondent :

Franchir le fossé est vital pour les universitaires des différentes disciplines

Les universitaires constituent un public stratégique pour l'école théologique. Ils sont souvent à l'avant-garde de la découverte, de la réflexion et du débat. On les retrouve fréquemment à façonner l'opinion publique et à conseiller les décideurs

---

5. « Engaging the University », IFES, https://ifesworld.org/en/university/ ; « Vision », Resources for Engaging the University, http://engage.universityresources.org/.

politiques, qu'ils soient locaux, nationaux ou internationaux. Les universitaires forment les esprits de la prochaine génération de professionnels et de dirigeants. Si ces universitaires sont chrétiens, ils ont un impérieux besoin d'être formés et aidés. Ils sont un organe vital de l'Église dans sa présence locale, mais aussi de l'Église universelle.

Franchir le fossé est indispensable pour les théologiens

Un théologien éminent m'a récemment dit que les théologiens doivent démontrer, au-delà de l'école théologique, pourquoi une doctrine est importante. Quel est l'enjeu de la théologie et de l'éthique théologique ?

Comme nous tous, me dit-on, les théologiens ont besoin de se ressourcer, « parfois par les eaux calmes, parfois par le tonnerre ». Les professeurs de l'école théologique peuvent élargir leur perspective théologique en sortant de l'école pour découvrir les questions qui préoccupent les spécialistes des disciplines situées de l'autre côté du clivage.

Franchir le fossé est indispensable pour les pasteurs dirigeant les églises locales

Si les principaux sortants des écoles théologiques sont des pasteurs et des dirigeants chrétiens, les pasteurs doivent être capables de s'adresser à ceux qui, dans leurs églises locales, fréquentent les universités et en sont issus. Ces laïcs assis sur les bancs de l'église peuvent être éminents dans les affaires, dans le gouvernement, dans l'armée, dans la société civile et dans le secteur bénévole de la société. Dans chacune de ces sphères, ils sont confrontés à des problèmes difficiles, à des décisions difficiles, à des questions sur la façon dont ils doivent se comporter et sur ce qu'ils doivent dire. Parce que les personnes hautement qualifiées contribuent à façonner les sociétés, elles doivent être une priorité stratégique pour les pasteurs et les écoles théologiques qui les forment.

Franchir le fossé est également indispensable pour les écoles théologiques en tant qu'institutions

Si les écoles théologiques doivent être pertinentes pour leurs sociétés, les responsables de ces institutions me disent qu'ils doivent être capables de montrer que la Bible et les grandes théologies qui donnent une compréhension d'ensemble permettent aux écoles théologiques et aux théologiens d'être des interprètes et des guides moraux et spirituels pour chaque institution. Ce faisant, les écoles théologiques sont en mesure de cultiver un soutien public de plus en plus important, car elles peuvent être considérées comme pertinentes tout au long de la vie.

Jusqu'où va votre théologie ?

Puis-je vous demander, respectueusement, jusqu'où s'étend votre théologie ? Jusqu'où s'étend-elle au-delà du clivage sacré-profane ?

Je sais que de nombreuses écoles théologiques forment à juste titre des personnes qui travaillent sur les campus universitaires pour enrichir la vie de piété des étudiants chrétiens et les appeler à suivre Jésus.

Je sais que les écoles théologiques fortifient fréquemment et à juste titre leurs étudiants grâce à l'arsenal de l'apologétique.

Aujourd'hui, cependant, je parle d'une théologie qui pénètre tous les aspects de la vie, des pratiques et de la pensée de l'université.

Je parle d'une théologie qui peut guider les professeurs dans leurs programmes de recherche.

Je parle d'une théologie qui façonne notre façon d'enseigner et de faire de la recherche – dans nos salles de classe, nos laboratoires, nos groupes de recherche, nos réseaux universitaires ou notre mentorat.

Je parle d'une théologie qui donne à tous les professeurs un vocabulaire de louange digne d'un psalmiste, de réponses à la gloire de Dieu telle que nous la voyons révélée dans les découvertes de son œuvre.

Je parle d'une théologie qui apporte une sensibilité morale à toutes nos façons d'imaginer que notre érudition favorisera l'épanouissement humain.

Pouvez-vous, théologiens, nous « conduire dans les sentiers de la vertu » lorsque nous nous demandons si nos recherches et nos écrits montrent l'amour de Dieu au monde ? Pouvez-vous nous montrer comment évaluer les façons dont notre travail favorise l'épanouissement ? Pouvez-vous nous aider à voir comment nos études peuvent inspirer l'Église, la mettre au défi et forger de riches partenariats avec elle ?

Pourquoi la théologie ?

Quels sont les problématiques, les sujets sur lesquels nous appelons à des conversations et des partenariats au-delà des clivages ?

1. Une première approche consiste à réfléchir aux *grandes questions* de notre époque et de nos régions.

La liste suivante montre les *grandes questions* auxquelles a été confronté le programme d'études estivales intensives organisé par l'Union of Evangelical Students of India (UESI) à New Delhi, sur le plan chrétien :

- les conflits ethniques ;
- le changement climatique ;
- les relations internationales entre l'Inde et la Chine ;
- la politique du pétrole ;
- la décolonisation ;
- la pauvreté et le dénuement ;
- les marchés noirs.

Voici les *questions sociétales* que les étudiants et le corps enseignant ont voulu aborder en tant que chrétiens et qui ont émergé lors de notre retraite à Lima, au Pérou, avec AGEUP, le mouvement national de l'IFES au Pérou :

- la création d'emplois et l'entrepreneuriat ;
- la corruption ;
- les alternatives agricoles pour les producteurs de cacao ;
- les sources d'énergie alternatives ;
- les problèmes d'identité dans les communautés indigènes.

2. Une autre approche concerne une théologie qui réponde aux *préoccupations pastorales*.

Nous pouvons voir cela admirablement mis à profit par les commentateurs bibliques dans la collection des commentaires de la Bible en un seul volume de Langham Publishing.

Dans le *Commentaire biblique contemporain*, nous voyons des exposés d'une demi-page ou d'une page sur des sujets critiques pour les Africains : la dette, la démocratie, les rites d'initiation, les réfugiés, les enfants des rues, le tribalisme, la sorcellerie, parmi beaucoup d'autres. Dans le *South Asia Bible Commentary*, nous voyons des questions essentielles pour les Sud-Asiatiques : les castes, les gourous, le karma et le fatalisme, la résurrection et la réincarnation, le yoga et la méditation, parmi beaucoup d'autres.

Toutes ces approches ont beaucoup de mérite, et je les affirme avec force. Néanmoins, nous devons aller plus loin. Pourquoi ?

3. Je crois qu'il nous faut pénétrer dans les domaines techniques, les sujets très spécifiques connus seulement des spécialistes des disciplines. C'est souvent

dans ces domaines que se trouvent les frontières de la découverte et de la connaissance, bien avant qu'elles n'entrent dans la sphère publique ou dans les sections scientifiques d'*El País*, du *Monde*, du *Guardian* ou du *New York Times*, bien avant qu'elles ne deviennent des documentaires sur *Al Jazeera* et autres.

4. Et, bien sûr, il existe de nombreux *domaines interdisciplinaires* urgents.

Voici les sujets abordés par les professeurs des universités de Boston, dont Harvard et le Massachusetts Institute of Technology, lors de notre retraite de l'année dernière :

- Le commerce international nuit-il aux pauvres ?
- Les essais contrôlés randomisés sont-ils l'étalon-or de l'élaboration des politiques publiques ?
- Comment parvenir au développement durable dans les domaines de l'énergie, de l'agriculture, des soins de santé et de l'environnement ?
- Comment pouvons-nous adopter des approches éthiques face aux découvertes en biotechnologie ?
- Comment pouvons-nous utiliser le discours et le récit pour donner du pouvoir aux opprimés ?
- Comment comprendre les divers types de sécurité – alimentaire, économique, confidentialité, vie privée, sécurité, criminalité ?

Et je crois que nous devons aller encore plus loin. C'est ce que nous cherchons à faire dans le cadre d'une initiative de développement du corps professoral axée initialement sur les universités de recherche[6].

J'ai besoin d'un soutien théologique, non pas sur la relation entre la sociologie et la foi en général, la science en général, le droit en général ou l'économie en général, bien que tous ces sujets soient dignes d'intérêt, mais plutôt :

- sur ce que l'astrophysicien recherche et publie actuellement ;
- sur le projet en cours que le professeur de droit des affaires est en train de concevoir ;
- sur la théorie que l'économiste du développement est en train de peaufiner.

La théologie doit pénétrer jusqu'aux confins du savoir dans chaque faculté.

---

6. Dirigée par Donald Hay (université d'Oxford) et Terence Halliday (American Bar Foundation & Australian National University), la Faculty Initiative est « une initiative visant à promouvoir l'intégration de la foi chrétienne et des disciplines académiques dans les universités de recherche du monde entier », https://facultyinitiative.net/.

Quel genre de théologie ?

Il est tout à fait raisonnable que vous vous demandiez : quel genre de théologie peut bien prendre en compte ces problèmes ? Il est déraisonnable de s'attendre à une vision théologique et à une glose sur chaque question sur laquelle nous travaillons. La liste est sans fin, dynamique et extrêmement hétérogène. Peut-être existe-t-il une autre voie.

Donald Hay, membre du Jesus College de l'université d'Oxford et ancien vice-chancelier, et moi-même, ainsi que des universitaires de haut niveau en théologie et dans les autres disciplines, lançons une initiative de la faculté visant à jeter des ponts solides entre les deux camps. Nous expérimentons des approches qui sont fortes à la fois en théologie et dans les disciplines universitaires. Cette approche imagine une conception en deux dimensions.

Du côté universitaire de cet effort (de mon côté du fossé), nous visons à répondre aux besoins des maîtres de conférences et des professeurs dans toutes les facultés principales que nous étudions dans les universités du monde entier. Parmi celles-ci figurent l'agriculture, l'architecture, les beaux-arts et les arts du spectacle, les sciences humaines, le droit, la médecine, la politique publique, la santé publique, l'ingénierie, les sciences sociales, les sciences biologiques et physiques.

De l'autre côté de notre initiative (du côté théologique de la ligne de fracture), nous envisageons trois ou quatre groupes de sujets qui reviennent sans cesse pour répondre à notre travail au sein des universités.

1. Quatre théologies : la création, la chute, la rédemption, l'espérance

Lors du rassemblement des professeurs et des étudiants de troisième cycle à l'Assemblée mondiale 2015 de l'IFES, le Dr Vinoth Ramachandra, secrétaire de l'IFES pour le dialogue et l'engagement social, a exhorté les universitaires à apprendre les théologies de la création, de la réconciliation et de la révélation, entre autres.

Dans le cadre de notre initiative pour les facultés, nous commencerons par des théologies qui peuvent facilement être considérées comme touchant toutes les facultés de l'université, notamment la création, la chute, la rédemption, l'espérance.

2. Grands thèmes

Lors des ateliers et des retraites organisés pour les étudiants diplômés et les professeurs, je constate que plusieurs grands thèmes ou motifs bibliques trouvent un large écho. Ils peuvent surprendre des professeurs à qui l'on n'a peut-être jamais demandé d'imaginer comment ces thèmes pouvaient être pertinents pour leur travail universitaire.

Parmi ces thèmes figurent l'émerveillement, la beauté, la créativité, l'épanouissement, la justice, l'amour, l'ordre et la sagesse. Vous constaterez sans peine que plusieurs de ces thèmes sont parfaitement pertinents, même dans les universités les plus laïques ou antireligieuses.

3. Vertus

Plutôt surprenant, mais grâce à la providence divine, il y a un intérêt croissant, en tout cas dans certaines universités que je connais bien, pour le caractère et la vertu. L'Oxford Pastorate[7] gère un projet remarquable, par exemple, sur le caractère et l'université, qui offre des ouvertures dans les universités pour des conversations directement liées aux vertus que nous cherchons à cultiver dans notre foi.

Quel genre d'engagement ?

Nous avons l'intention de combler le fossé en ouvrant une conversation bilatérale.

Du côté de l'école théologique, nous inviterons des théologiens à rédiger une « note théologique » (5 000 à 8 000 mots) sur chacune de ces « théologies » d'une manière qui soit facilement compréhensible par les chercheurs de toutes les disciplines[8].

Du côté des disciplines universitaires, nous inviterons des universitaires chrétiens de toutes les facultés de l'université à rédiger une note encore plus courte – une « note spécialisée » – d'environ 3 000 à 5 000 mots en réponse au

---

7. Oxford Pastorate, https://oxfordpastorate.org/.
8. Fin 2020, quatre théologiens anglophones se sont engagés à rédiger des « Notes de théologie » : Nicholas WOLTERSTORFF (université de Yale) sur la justice ; Nigel BIGGAR (université d'Oxford) sur l'ordre créé ; Miroslav VOLF (université de Yale) sur l'épanouissement ; et Alister McGRATH (université d'Oxford) sur un sujet à déterminer.

point de vue d'un projet particulier, d'un intérêt ou d'un écrit dans lequel ils sont actuellement engagés.

De cette manière, nous espérons que la très bonne théologie pourra rencontrer la très bonne érudition dans les différentes disciplines, et que chacune enrichira l'autre. La qualité est assurée des deux côtés.

La théologie, mais d'où ?

Dans un sens, bien sûr, notre théologie est universelle.

Dans un autre sens, cependant, nos compréhensions de Dieu et de son œuvre, nos lectures des Écritures sont profondément contextuelles et nous devons nous confronter à une théologie transculturelle.

Nous avons besoin de théologiens locaux (avec leurs compréhensions théologiques) qui se penchent sur les défis locaux, nationaux et régionaux. Et ceux d'entre nous qui vivent dans une seule région – l'Amérique du Nord, par exemple – ont grand besoin des perspectives régénératrices de théologie provenant d'autres régions.

Le « creuset » théologique que nous devons créer est donc un lieu de rencontre entre toutes les facultés de l'université et les théologies des quatre coins de l'Église universelle, partout où se trouvent la théologie et l'érudition.

Soyons plus concrets.

Solutions incomplètes

Il y a eu plusieurs façons d'aborder le défi de franchir le fossé. Chacune a ses mérites, mais chacune a aussi ses limites.

La première est que le spécialiste de la discipline doit bien connaître la Bible. C'est essentiel, mais ce n'est pas suffisant. Grâce à des parents pieux, j'ai été immergé dans les Écritures dès ma jeunesse. Mais j'ai découvert que cela ne suffisait *pas* à me doter d'une pensée théologique – d'une pensée suffisamment large, profonde et incisive pour imprégner adéquatement mon travail universitaire de la richesse des significations de notre foi.

Une autre solution consiste à ce qu'un spécialiste de ces disciplines, également chrétien, écrive un livre dans lequel il ou elle fournit sa propre théologie. Le danger est que la théologie de ce spécialiste universitaire ne soit pas à la hauteur de ses connaissances habituelles dans son domaine d'érudition.

Une troisième approche va dans la direction opposée. Un théologien regarde au-delà des clivages, choisit un sujet et écrit des réflexions théologiques sur une discipline ou une grande question. Ici, le niveau de réflexion théologique peut être élevé. Le danger est qu'un théologien puisse paraître naïf aux yeux des spécialistes érudits d'un domaine.

Une quatrième approche consiste à demander à des spécialistes d'une discipline de devenir eux-mêmes théologiens. Cela arrive très occasionnellement avec de rares personnes comme le professeur Alister McGrath à Oxford, qui fait partie de notre comité de convocation, ou le Dr Leigh Trevaskis, directeur du Trinity College, dans le Queensland (Australie), qui a obtenu un double doctorat, l'un dans une discipline, l'autre en théologie. Mais cela est loin de notre portée, pour la plupart d'entre nous.

Pouvons-nous imaginer des solutions pratiques ?

Je propose ici quelques pistes pour aller de l'avant. Certaines ont été expérimentées, d'autres m'ont été suggérées, principalement par des responsables d'écoles théologiques et des théologiens.

1. *Les spécialistes d'une discipline trouvent un partenaire théologique.* Mon collègue de l'Australian National University, le professeur Luke Glanville, spécialiste des relations internationales, écrit un livre conjointement avec son frère, un pasteur/théologien canadien. J'ai moi-même un partenariat de ce type avec mon collègue, le professeur K. K. Yeo, au Garrett Evangelical Seminary et à la Northwestern University (États-Unis). Ce sont des situations idéales, mais rares.

2. Dans certaines circonstances privilégiées, il peut y avoir des groupes formés de *spécialistes universitaires chrétiens* et de personnes ayant une formation théologique dans une congrégation ou une communauté locale. Pendant de nombreuses années, je me suis réuni tous les vendredis matin pendant une heure et demie avec un groupe de collègues chrétiens dans mon Église d'origine, la FPCE. Tous étaient des pasteurs titulaires et trois étaient des théologiens largement publiés. Ils m'ont incité à parler de mes recherches et de mes écrits. En retour, ils leur ont donné un sens théologique et m'ont orienté dans des directions constructives, élargissant ainsi mes horizons.

3. *Inviter des spécialistes d'une discipline à l'école théologique pour qu'ils fassent un exposé* – en langage clair – *sur leur travail*. Il s'agirait de personnes issues de différentes disciplines – par exemple des sciences de l'esthétique

ou de la biologie – afin qu'elles soient présentes et suscitent ainsi un engagement théologique. C'est de là que pourraient naître des relations plus étroites et permanentes.

4. *Adopter une université*, découvrir des professeurs chrétiens dans l'université, et les attirer dans le dialogue et la conversation. De nombreuses villes dans diverses parties du monde ont des villes jumelles. Ma ville natale, Evanston, dans la région de Chicago, a une ville jumelle au Belize. Les écoles théologiques pourraient-elles nouer des relations avec des universités sœurs, même de manière informelle ?

5. Au sein des écoles théologiques, créer *un atelier*, voire un cours ou un colloque, où l'on enseigne aux étudiants les grands thèmes théologiques, et où des universitaires d'autres disciplines peuvent apporter leurs « problèmes ». Ce serait une façon d'exercer les muscles de l'esprit des deux côtés : amener les spécialistes des disciplines universitaires vers la théologie, et activer l'engagement théologique avec ces disciplines.

6. Dans certaines écoles théologiques, il existe des *cours de théologie ouverts au public*. Ils peuvent contribuer à rendre plus explicites les questions génériques plus larges qui se posent dans divers domaines de la vie, y compris la vie universitaire.

7. Des groupes de spécialistes d'une discipline peuvent former *des cercles d'érudits dans lesquels ils invitent des théologiens comme commentateurs*. Nous avons créé un tel cercle composé d'étudiants en doctorat et de professeurs en relations internationales à l'Australian National University. Chacun des spécialistes des études internationales a rédigé des projets de documents et nous avons invité des théologiens du St Marks National Theological Centre voisin à commenter nos documents et à participer à des conversations plus larges. Nous préparons actuellement ces documents pour les soumettre à un journal de théologie publique.

8. Et puis il y a des moyens plus distants, utilisant *l'Internet et les médias sociaux*, où les théologiens peuvent inspirer et les chercheurs de la discipline peuvent répondre, comme nous le prévoyons dans notre initiative pour la faculté.

De quel type de théologien avons-nous besoin ?

Voici un autre aspect pratique auquel j'ai réfléchi : quel genre de personne désirons-nous pour nous aider à franchir la ligne de démarcation ?

Il y a sûrement des qualités personnelles. Quelqu'un qui :
- s'y intéresse ;
- ressent ma passion ;
- écoute ;
- est attentif ;
- prend le temps ;
- prend des risques.

Il y a aussi des qualités théologiques. Cette personne devrait avoir :
- une sensibilité théologique – peut penser au-delà du texte ;
- une imagination théologique – peut amener la théologie à des endroits où elle ne s'est peut-être jamais rendue auparavant ;
- une compréhension des traditions théologiques – peut s'appuyer sur la riche tradition de la foi ;
- une capacité à traduire les théologies dans un langage accessible – peut converser facilement avec des non-théologiens.

Du réalisme : obstacles et objections

Si nous voulons être pratiques, nous devons aussi être réalistes. Nous sommes confrontés à de nombreux obstacles et à de nombreuses objections en poursuivant cette vision.

Permettez-moi de commencer du côté des disciplines universitaires. Je ne veux pas un seul instant faire passer le message que ce fossé entre les disciplines et les écoles théologiques est entièrement le fait des écoles théologiques. Ce serait tout à fait faux.

Nous, du côté des disciplines universitaires, sommes une grande partie du problème. Beaucoup d'entre nous, et même une majorité de professeurs chrétiens, ne reconnaissent pas que nous sommes appelés à penser nos études de manière chrétienne.

Beaucoup d'entre nous se cachent dans leurs bureaux sans vouloir s'ouvrir à de nouvelles perspectives théologiques. La vie est déjà assez difficile de notre côté de la ligne de démarcation, avant même de parler de la traverser.

La théologie nous effraie. Nous pensons que c'est un autre langage, une autre façon de penser, une autre épistémologie qui nous dépasse.

Du côté des écoles théologiques, j'ai demandé à des responsables d'écoles théologiques et à des théologiens quelles sont les difficultés qu'ils rencontrent, même s'ils soutiennent avec enthousiasme cette vision qui consiste à franchir le fossé. Ils me répondent :

- Les écoles théologiques sont loin des universités.
- Le corps professoral des écoles théologiques n'a pas de solides antécédents en matière de disciplines scientifiques.
- La guilde théologique est trop spécialisée ou a une vision limitée du domaine théologique au sens large.
- Les théologiens s'attachent à être techniquement corrects et ont peur de trop s'éloigner du texte.
- Les écoles théologiques manquent déjà de ressources.
- Les enseignants se sentent surchargés de travail.
- Les écoles théologiques manquent de confiance en elles quand il s'agit d'apporter quelque chose au monde universitaire. Comme l'a dit Nicholas Wolterstorff[9], ils en sont venus à croire que le flux d'influence vient des disciplines scientifiques vers la théologie, et non de la théologie vers les disciplines.
- Une ecclésiologie sous-jacente suppose que ce qui compte, c'est de servir l'Église de manière restrictive.

Se tourner vers l'avenir

Pendant trop longtemps, bien trop d'entre nous ont vécu dans des mondes différents : un monde de disciplines scientifiques ayant une faible profondeur théologique, ou un monde de foi ayant des frontières théologiques étroites. Un fossé nous a séparés.

Pourtant, l'Esprit est en marche – dans le monde universitaire, dans les écoles théologiques, parmi les chercheurs de toutes sortes, dans toutes les régions du monde. Nous avons une merveilleuse possibilité de jeter des ponts à travers le fossé, de nous donner la main, et d'élargir les cœurs et les esprits.

Nous avons commencé par Jean chapitre 1. Je conclus avec Colossiens 1 :

> En effet, c'est en lui que tout a été créé dans le ciel et sur la terre, le visible et l'invisible, trônes, souverainetés, dominations, autorités. Tout a été créé par lui et pour lui. Il existe avant toutes choses et tout subsiste en lui. (Col. 1.16-17)

---

9. Nicholas WOLTERSTORFF, *Religion in the University*, New Haven, Yale University Press, 2019.

Je vous demande, à vous, enseignants en théologie, de franchir le fossé. Invitez-nous à vous rejoindre dans le dialogue, afin qu'ensemble nous puissions démontrer à nous-mêmes et à notre monde que « *tout* subsiste en lui ».

Questions pour la réflexion personnelle et la discussion en groupe

1. Quelles réponses donneriez-vous à la question posée à l'auteur par les étudiants et les professeurs : « Comment puis-je penser chrétiennement ? » Partagez les perspectives qui vous semblent les plus importantes.

2. Réfléchissez à la relation entre l'enseignement théologique et l'enseignement supérieur dans votre propre contexte local et national. Dans quelle mesure le fossé décrit par l'auteur du présent chapitre existe-t-il ? Donnez des exemples d'initiatives dont vous avez connaissance et qui servent à aider les théologiens et les universitaires à « franchir le fossé ».

3. Imaginez que le Pr Halliday vient de faire une présentation de ce chapitre à la faculté de votre institution théologique et qu'il a terminé par cette invitation :

> Mon défi aujourd'hui est donc très simple – et très audacieux. Où sont les théologiens ? Où sont nos sœurs et frères dans la foi qui sont forts là où nous sommes faibles ? Où sont les partenaires de conversation, les interlocuteurs, les penseurs qui peuvent nous sortir de « l'analphabétisme », qui peuvent nous équiper pour être des serviteurs complets sur le terrain fertile de l'université ? De l'autre côté du fossé universitaire, je lance un appel à l'aide – pour nous permettre d'aborder « toutes les choses » que nous étudions à l'université avec les yeux de la foi.

   a. Quels types d'obstacles envisagez-vous à la réponse à cette invitation ? Comment ces obstacles pourraient-ils être surmontés ?
   b. Discutez des moyens pratiques par lesquels votre faculté pourrait répondre à ce défi en dialoguant avec des enseignants, des professeurs d'université et des universitaires chrétiens de votre contexte.

4. En réfléchissant à l'orientation pédagogique des membres de votre faculté, proposez et discutez des exemples de questions transdisciplinaires qui pourraient être explorées de manière fructueuse par des théologiens et des universitaires chrétiens.

5. Quels bénéfices ces études et réflexions interdisciplinaires pourraient-elles avoir pour l'Église, la société et les institutions théologiques dans votre contexte ?

6. Quelles mesures pratiques pourraient être prises pour faciliter ce dialogue entre théologiens et universitaires à titre individuel ? Entre votre institution et d'autres institutions ou groupes d'universitaires ?

7. Faites une pause et priez pour vous-même, vos collègues et vos frères et sœurs chrétiens qui remplissent leur vocation « au-delà du clivage » en tant qu'enseignants, professeurs d'université et académiciens.

Références

WOLTERSTORFF, Nicholas, *Religion in the University*, New Haven, Yale University Press, 2019.

Sites Web

Developing a Christian Mind at Oxford, https://dcmoxford.org/.
« Engaging the University », IFES, https://ifesworld.org/en/university/.
Faculty Initiative, https://facultyinitiative.net/.
« Graduate and Faculty Ministries », InterVarsity, https://gfm.intervarsity.org/.
Oxford Pastorate, https://oxfordpastorate.org/.
« Terence Halliday », American Bar Foundation,
    http://www.americanbarfoundation.org/faculty/profile/10.
« Vision », Resources for Engaging the University,
    http://engage.universityresources.org/.

Post-scriptum

ICETE 2018 et ensuite COVID-19

Réflexions et prières sur le clivage entre le sacré et le profane et sur nos contextes liés au COVID-19

Un nouveau contexte pour la réflexion sur le fossé entre le sacré et le profane

Début 2018, la pandémie imminente n'était pas présente à l'esprit des personnes invitées à prononcer des discours pléniers et à animer des ateliers lors de la consultation triennale de l'ICETE, alors qu'elles écrivaient et réfléchissaient aux défis importants et aux opportunités « missionnelles » que le fameux clivage sacré-profane pose à l'Église mondiale et aux institutions théologiques évangéliques.

Pas plus qu'elle n'était présente dans l'esprit des centaines de participants venus du monde entier qui se sont réunis au Panama pendant cinq jours en septembre 2018. Les défis et les opportunités que présenterait cette pandémie n'ont pas été abordés par les orateurs ni développés dans les ateliers, et ils n'ont pas fait partie de la réflexion et de l'application personnelle des participants. À cette époque, la nouvelle normalité de 2020 était imprévisible et impensable, et le mieux que nous pouvions faire était d'explorer les défis de la réduction du fossé sacré-profane par rapport à la normalité de nos contextes locaux telle que nous la connaissions fin 2018.

Alors même que 2019 passait la main à 2020, très peu de personnes en dehors des sphères du gouvernement et de la santé publique auraient pu prédire les énormes implications (sanitaires, sociales, financières, éducatives, technologiques, religieuses, politiques et plus encore) du virus qui allait rapidement se propager dans les pays et les régions au cours des premiers mois de la nouvelle année.

Pour les institutions théologiques, les enseignants et les étudiants en théologie, les cours et l'apprentissage ont commencé en 2020 de la manière habituelle, et rares étaient ceux qui auraient pu imaginer les changements qui allaient bientôt balayer le monde entier : la fermeture des espaces publics et l'interdiction des rassemblements publics, le travail à domicile, les confinements et les restrictions de voyages. Les quarantaines et les couvre-feux, les masques, le gel hydroalcoolique et la distanciation sociale ont rapidement fait partie de la vie quotidienne. En l'espace de quelques semaines, les campus des écoles théologiques ont fermé, les étudiants ont été renvoyés chez eux, et les administrateurs, le corps enseignant et les étudiants ont fait la transition abrupte vers l'enseignement à distance d'urgence ou vers l'enseignement en ligne. Au-delà des formidables implications logistiques et pédagogiques de la pandémie, de nombreuses écoles ont dû lutter pour rester à flot sous le poids d'énormes charges financières. Les Églises ont été confrontées à des défis, des conditions et des restrictions similaires. Alors que la pandémie se propageait dans nos communautés et rendait les réunions publiques dangereuses, les dirigeants chrétiens ont été contraints de découvrir et d'inventer de nouvelles façons de continuer à faire ce que l'Église est appelée à faire à toute époque et en toutes circonstances. Dans le contexte d'une nouvelle norme qui semblait très étrange, les responsables d'Église et les disciples engagés ont trouvé de nouvelles façons d'exercer leur ministère, virtuellement et par des stratégies de distanciation, et de nouvelles façons de participer à la mission de Dieu auprès de leurs communautés en détresse, malgré les grandes difficultés et les nouvelles conditions présentées par la pandémie.

Le COVID-19 n'était pas un phénomène localisé qui n'arrivait qu'aux autres dans des endroits éloignés. Il nous est arrivé à tous, partout. Le barrage constant des mauvaises nouvelles diffusées par les réseaux sociaux et les médias a été pénible et décourageant, et nous a lassés au fil du temps. La pandémie n'a laissé aucun d'entre nous intact et aucune communauté indemne. Certains de ceux qui liront ce post-scriptum auront perdu des êtres chers : famille, amis et collègues du ministère. Ils auront peut-être été eux-mêmes atteints par le virus.

Ceux qui servent dans les institutions théologiques et les Églises seront douloureusement conscients de la façon dont la pandémie a ravagé la vie des membres de leurs communautés éducatives et religieuses, ainsi que des communautés dans lesquelles nous vivons. En ces temps difficiles, de nouvelles raisons de stress sont venues s'ajouter à celles qui existaient déjà. Beaucoup se sont sentis, à juste titre, dépassés par la lutte qu'ils mènent pour s'adapter et suivre le rythme des changements rapides, et pour faire face aux multiples engagements de la vie quotidienne dans la famille, l'Église, l'école théologique et la communauté.

Faire de la théologie dans un contexte nouveau

Alors que le peuple de Dieu crie vers le Seigneur au milieu de la lutte, de la maladie, de la mort et du deuil et continue de crier dans le sillage de tout ce que la pandémie a apporté et a laissé derrière elle, le langage biblique de la lamentation est particulièrement approprié. Bien sûr, comme dans de nombreux psaumes de lamentation, même dans les crises personnelles et nationales profondes, les fidèles de Dieu passent de la lamentation à la louange et à la requête.

Dans ce post-scriptum, nous voulons donner de brèves indications sur certains concepts théologiques qui rassemblent le clivage sacré-profane et l'expérience du COVID-19. Nous souhaitons également proposer un modèle de prière autour des thèmes majeurs de ce livre.

Les écrivains et les réviseurs ne vivent pas entre les pages de leurs livres. Les lecteurs non plus. Ceux qui ont écrit, ceux qui ont corrigé et relu et ceux qui liront cet ouvrage vivent tous dans le monde réel. Nous devons maintenant réinterpréter et appliquer les orientations données dans les contextes dans lesquels nous vivons, radicalement modifiés et éloignés des contextes dans lesquels ces orientations ont été initialement données et reçues en 2018.

Il s'agit d'une tâche herméneutique à laquelle nous sommes habitués, dans l'interprétation et l'application du message des Écritures à nos propres vies et à celles de ceux que nous servons dans nos communautés éducatives, religieuses et locales. Une tâche similaire de contextualisation sera nécessaire au lecteur pour appliquer les perspectives de ce livre aux défis et aux opportunités du clivage sacré-profane dans un monde COVID – et post-COVID.

C'est à la lumière de ces nouvelles réalités que les quatre appels des auteurs doivent maintenant être interprétés et appliqués : l'appel à l'intégration, l'appel à la vertu, l'appel à l'Église, et l'appel aux écoles théologiques de l'autre côté du fossé sacré-profane.

Un appel à l'intégration

C'est dans ce contexte que nous devons interpréter l'encouragement de Wright à puiser consolation, espoir et force renouvelée alors que nous réfléchissons au fait immuable de l'unicité de Dieu, de son passé et de sa mission future. Dans les situations où nous nous sentons bousculés, pressés et attirés dans de nombreuses directions, nous sommes encouragés à appeler le Seigneur à unir à nouveau nos cœurs pour craindre son nom et servir avec intégrité (Ps 86.11).

C'est également dans le contexte de la nouvelle normalité que nous devons nous débattre avec la proposition de Ho d'appliquer les idées d'une vision du monde plus biblique. Cette approche consiste à abandonner la dichotomie traditionnelle entre sacré et profane en faveur d'un continuum sacré et plus sacré. Ce dernier reconnaît que tout l'univers de Dieu est, dans une certaine mesure, sacré, en vertu de son œuvre créatrice, de sa présence et de ses objectifs originaux et rédempteurs qui agissent en cet univers. Cette nouvelle façon de contempler le monde de Dieu et de discerner son œuvre contribuera à changer notre façon de voir les choses et les gens, et à transformer la vie quotidienne (auparavant reléguée au profane ou au banal) et nos interactions avec les autres (créés à l'image de Dieu) en une quête « missionnelle » pour voir le nom de Dieu glorifié, ses desseins accomplis et tous les aspects de la vie de plus en plus sanctifiés.

Dans le psaume 86, l'action de grâce est suivie d'une lamentation. Après avoir exprimé son action de grâce (v. 12-13), le psalmiste crie à nouveau à Dieu, « des arrogants s'attaquent à moi » (v. 14). C'est ce passage de l'action de grâce à la lamentation qui caractérise l'expérience de nombre de nos institutions face à l'arrivée soudaine et inattendue de la pandémie. Il nous faut apprendre à vivre dans ce changement tragique tout en croyant que même le tragique a une place dans la présence de Dieu. L'action de grâce et les lamentations peuvent coexister, car nous avons un Dieu vers lequel nous pouvons nous tourner au milieu de nos souffrances. Comme le psalmiste, nous pouvons prier : « Tourne-toi vers moi et fais-moi grâce ; donne ta force à ton serviteur » (v. 16).

Prière

Seigneur miséricordieux, nous te remercions d'être Dieu non seulement dans nos joies et nos victoires, mais aussi dans nos peines et nos défaites. Face au monde d'aujourd'hui, accorde-nous un cœur sans partage afin que, comme le psalmiste, nous apprenions non seulement à te bénir de tout ce qui est en nous (Ps 103), mais aussi à te déverser nos lamentations (Ps 102). Amen.

Un appel à la vertu

C'est dans le contexte des réalités présentées dans la pandémie que nous sommes invités à considérer et à appliquer les propositions de Chua, Oxenham et Naidoo en ce qui concerne la portée, les moyens et les fins de la formation théologique. S'appuyant sur le chapitre de Ho, Chua nous encourage à appliquer la vision du monde du sacré et du plus sacré à notre vision de la formation spirituelle des étudiants et au type de ministère, d'engagement culturel et de mission pour lesquels ils sont préparés. Oxenham, quant à lui, insiste sur l'importance de l'éducation du caractère et des vertus, qui est essentielle au développement holistique des dirigeants chrétiens et qui permet d'avoir un impact sur la société en partageant des idées, en répondant à un besoin ressenti et en vivant les implications éthiques et morales de l'Évangile.

Un virus qui ne connaît ni foi ni loi nous a fait prendre conscience que, pour le meilleur ou pour le pire, nous sommes tous beaucoup plus liés que nous ne l'imaginions. À la lumière de la pandémie, l'impératif chrétien d'aimer son prochain s'exprime ou s'infirme par une action aussi simple que le port d'un masque. Des considérations éthiques en apparence complexes, telles que la supériorité de la solidarité sur l'égocentrisme, s'avèrent avoir des conséquences dans le monde réel. Dans le même ordre d'idées, Naidoo invitera les lecteurs à considérer la formation de l'identité comme un aspect essentiel de la formation au ministère et à repenser la compréhension de soi et le rôle du disciple et du serviteur chrétien dans la société, avec en toile de fond les besoins et les opportunités créés par le coronavirus.

La pandémie a suscité un regain d'intérêt pour l'engagement de l'Église dans la société. Elle a notamment permis d'exposer les faiblesses des gouvernements de certains pays. Il y a des cas où, au lieu de se concentrer sur la résolution du problème du COVID-19, certains dirigeants ont utilisé la crise pour faire avancer leurs propres intérêts égoïstes. C'est le cas, par exemple, aux Philippines, où le gouvernement a donné la priorité à l'adoption de la loi antiterroriste – une loi qui, selon de nombreux Philippins, terrorisera les gens ordinaires – au lieu de se concentrer sur la manière de résoudre la crise sanitaire. La pandémie a eu le même effet sur certaines de nos institutions théologiques. Nous commençons maintenant à réaliser à quel point certaines Églises et institutions théologiques sont mal préparées à répondre à la crise qui se déroule sous nos yeux. Un doyen d'institution théologique admet que nous ne savons pas comment réagir à ce qui se passe dans notre propre contexte. La pandémie a également mis en évidence la capacité ou le manque de capacité de l'Église et des institutions théologiques à s'engager dans la société. Le sujet de ce livre, le clivage entre le sacré et le profane, revêt donc un nouveau degré d'urgence.

Prière

Père miséricordieux, tu sondes nos cœurs et tu nous connais au plus profond de nous-mêmes. Puissions-nous comprendre la vertu donnée par l'Esprit qui pousse comme le fruit d'un bon arbre. Aide-nous à supporter patiemment, à embrasser ta paix et à faire preuve de bonté, quelles que soient nos circonstances. Aide nos institutions à s'engager dans la société en ce moment, à la fois comme serviteurs et comme vainqueurs. Perfectionne-nous personnellement, dans nos ministères et dans nos institutions. Amen.

Un appel à l'Église

Sur cette même toile de fond, les lecteurs seront invités par Reju et Tink, ainsi que par Greene et Shaw, à repenser le rôle de l'Église et des institutions théologiques dans l'élaboration d'initiatives stratégiques visant à doter les disciples de la capacité, de l'autonomie et du mandat de répondre à leurs divers appels et à leur vocation de chrétiens dans le cadre de leurs occupations quotidiennes et de leur vie professionnelle. Les perspectives bibliquement fondées de la théologie du travail et l'accent mis sur la formation de disciples pour la vie durant revêtent une importance particulière pour les Églises et les institutions théologiques qui travaillent de concert pour préparer les hommes et les femmes au ministère et à la mission sur le lieu de travail. Cette tâche vitale exigera beaucoup de vision et de créativité à une époque où de nombreux disciples travaillent à domicile ou dans le cadre des contraintes règlementées de la distanciation sociale, ou ont été contraints de changer d'emploi ou de trouver de nouveaux moyens de subvenir aux besoins de leur famille dans des conditions d'urgence.

Un complément important à la créativité est le discernement. Qu'est-ce que Dieu essaie de dire à son Église aujourd'hui ? Comme le déclare le psalmiste, « aujourd'hui, si vous entendez sa voix, n'endurcissez pas votre cœur » (Ps 95.7-8). Le psaume 95 contient quelques-unes des plus belles paroles pour la louange : « Venez, crions de joie en l'honneur de l'Éternel, poussons des cris de joie en l'honneur du rocher de notre salut » (v. 1). Il exprime également certaines des théologies les plus profondes, en déclarant que Dieu est « un grand roi au-dessus de tous les dieux » (v. 3), le dieu créateur (v. 5) et le grand berger de son peuple

(v. 7). Pourtant, malgré toutes ces vérités, Dieu devait avertir son peuple, de peur qu'il ne subisse le même jugement que ses ancêtres (v. 9-11). Que Dieu nous donne un cœur perspicace pour entendre ce qu'il dit !

Prière

Dieu de sagesse, nous reconnaissons humblement notre incapacité à comprendre tes voies. Nous ne savons pas quel est ton but en amenant la pandémie dans notre monde. Nous ne comprenons pas comment tant de souffrance et de douleur peuvent soudainement nous envahir. Nous nous sentons dépassés. Aide-nous, s'il te plaît ! Mais plus encore, apprends-nous à entendre, à discerner ce que ton Esprit nous dit aujourd'hui. Au nom du Seigneur Jésus, Amen.

Un appel de l'autre côté du fossé

Enfin, l'appel et l'invitation de Halliday aux enseignants théologiques de tous horizons sont opportuns et méritent d'être pris en compte en ces temps et circonstances extrêmes que nous vivons. Il y a beaucoup de travail à faire, et il existe des opportunités stratégiques d'influencer la culture et d'orienter l'Église alors que les sociétés, dans le monde entier et à tous les niveaux, cherchent des réponses aux questions rendues urgentes par la pandémie. Des équipes interdisciplinaires de théologiens et d'universitaires chrétiens sont particulièrement bien placées pour répondre à ces questions.

La pandémie rend l'appel à l'activité interdisciplinaire extrêmement important. Nous avons besoin de toutes les ressources que nous pouvons rassembler pour faire face à notre situation. Les experts des institutions théologiques doivent s'associer à ceux des universités ou des institutions laïques pour élaborer des réponses aux nombreuses crises auxquelles nous sommes confrontés. L'époque est révolue où le spécialiste de la Bible pouvait simplement dire : « Je ne me préoccupe que de la signification du texte. » Car pourquoi la Bible a-t-elle été écrite ? N'est-ce pas pour former aux bonnes actions, ce qui inclut la création d'emplois et la promotion de la santé ? Certaines disciplines dans les universités laïques sont douées pour répondre aux questions « Quoi ? » et « Comment ? » La théologie et la vision chrétienne du monde sont indispensables pour répondre à la question « Pourquoi ? »

Prière

« Pourquoi, Éternel, te tiens-tu éloigné ? Pourquoi te caches-tu dans les moments de détresse ? » (Ps 10.1.) Il y a tant de choses que nous ne comprenons pas. Certains d'entre nous se demandent : pourquoi faut-il que ce soient les bonnes personnes qui souffrent ? Pourquoi pas les méchants ? Nous sommes de tout cœur avec les plus petits et les plus pauvres d'entre nous. Comment peuvent-ils survivre à cette pandémie ? Seigneur, utilise-nous ! Fortifie-nous et donne-nous les moyens d'agir ! Apprends-nous à travailler ensemble pour le bien des faibles et des vulnérables. Plus que jamais, l'Église et les institutions théologiques ont besoin de ta grâce pour poursuivre leur vocation. Accorde-nous la créativité et le discernement pour avancer là où ton Esprit nous conduit. Nous reconnaissons que sans ton aide, nous ne pourrons rien faire. Tu es notre espoir. « Tu entends les désirs de ceux qui souffrent, Éternel, tu leur redonnes courage, tu prêtes l'oreille » (Ps. 10.17). Au nom du Seigneur Jésus, nous prions. Amen.

Liste des auteurs

Dr Paul Branch est secrétaire général de l'Evangelical Association of Theological Education en Amérique du Sud (AETAL) et professeur au Central American Theological Seminary (SETECA), dont il est le président, à Guatemala City, au Guatemala.

Dr Stuart Brooking est directeur exécutif de l'Overseas Council en Australie. Il a des diplômes dans cinq domaines et son doctorat a porté sur les relations internationales dans la formation théologique. Il a dirigé l'ouvrage résultant de la consultation C-15 de l'ICETE *Sommes-nous performants ? Étudier notre contexte pour améliorer nos programmes d'études* (Langham, 2018). Il occupe également, à temps partiel, le poste de chef du département du ministère et de la pratique au sein de l'Australian College of Theology de Sydney.

Dr Lily K. Chua est professeure agrégée en éducation chrétienne et directrice académique de la formation décentralisée au China Evangelical Seminary, à Taiwan. Elle a obtenu son doctorat en sciences de l'éducation à la Trinity Evangelical Divinity School, aux États-Unis. Ses centres d'intérêts en matière d'enseignement et de recherche comprennent la formation spirituelle des étudiants en théologie, la spiritualité des personnes âgées et le discipulat en famille.

Mark Greene est un ex-publiciste de New York et ancien vice-doyen de la London School of Theology. Il a été directeur exécutif du London Institute for Contemporary Christianity pendant 21 ans et est maintenant leur porte-parole de la mission. Pionnier du ministère sur le lieu de travail et de la formation de disciples pour la vie durant, Mark se consacre à donner aux chrétiens les moyens d'être productifs pour le Christ dans tous les domaines de la vie, équipant les dirigeants ecclésiaux et aidant les enseignants en théologie à former des responsables d'église capables de faire des disciples. Il est l'auteur de *Thank God it's Monday*, *Fruitfulness on the Frontline*, *The Great Divide* et, plus récemment, *Making Disciples for Work*. Il est marié à Katriina, une Finlandaise, et ils ont trois enfants adultes.

Dr Terence Halliday est chercheur à l'American Bar Foundation, un institut d'études interdisciplinaires avancées sur le droit et les institutions juridiques ; il est également professeur honoraire à la School of Regulation and Global Governance de l'Australian National University et professeur adjoint en sociologie à la Northwestern University, aux États-Unis. Il est coorganisateur, avec Donald Hay (Oxford), de la Global Faculty Initiative qui promeut l'intégration de la foi chrétienne et des disciplines académiques en amenant les théologiens à dialoguer avec des universitaires issus de toutes les disciplines dans les universités de recherche du monde entier. Il est bénévole au sein du mouvement « Engaging the University » de l'International Fellowship of Evangelical Students (IFES).

Dr Shirley S. Ho est professeure agrégée d'Ancien Testament au China Evangelical Seminary, à Taiwan. Elle a obtenu son doctorat en Ancien Testament à la Trinity Evangelical Divinity School, aux États-Unis. Elle a récemment terminé la rédaction de son manuscrit sur le livre des Proverbes, à paraître. Elle est chercheuse dans le cadre du programme de Langham Scholars depuis 2001.

Dr Marilyn Naidoo est professeure de théologie pratique au département de philosophie, de théologie systématique et pratique de l'université d'Afrique du Sud. Ses matières d'enseignement sont la recherche empirique, l'éducation religieuse et le développement de la foi, avec un accent de recherche sur l'éducation théologique et la formation au ministère. Parmi ses publications récentes, citons *Between the Real and the Ideal : Ministerial Formation in South African Churches* (2012) et *Contested Issues in Training Ministers in South Africa* (2015). Dans le cadre de son service chrétien antérieur, elle a notamment travaillé pour SIM International en Inde au sein de l'IFES.

Dr Marvin Oxenham (Bachelor en théologie, Master en philosophie, Master en sciences de l'éducation, Certificat Supérieur en formation à distance, PhD) Marvin a travaillé pendant 25 ans dans l'implantation d'églises, l'évangélisation et la formation théologique parmi les Italiens. Il est aujourd'hui secrétaire général de l'European Council for Theological Education (ECTE), fondateur et directeur de l'ICETE Academy et membre du corps enseignant de la London School of Theology. Sa thèse de doctorat est publiée sous le titre « Higher Education in Liquid Modernity » et ses recherches récentes ont conduit à la publication de l'ouvrage épistolaire universitaire *Character and Virtue in Theological Education* (Langham, 2019).

Dr Oladotun Reju est le fondateur et la principale personne-ressource du Center for Transformational Leadership, à Jos City au Nigeria. Il est titulaire d'une licence en sociologie de l'université de Lagos, d'une maîtrise en leadership chrétien du West African Theological Seminary de Lagos et d'un doctorat en leadership transformateur pour la Cité Mondiale de la Bakke Graduate University, aux États-Unis, où il est professeur d'encadrement transformateur et de théologie du travail. Il est actuellement membre du conseil d'administration de la Bakke Graduate University, et enseigne depuis 2008 à la fondation Mustard Seed, basée aux États-Unis, dans le cadre du Theology of Work Grant Program de la fondation.

Dr Fletcher L. Tink dirige le programme de doctorat en développement transformateur à l'Asia Pacific Nazarene Theological Seminary, aux Philippines. Pasteur consacré dans l'Église du Nazaréen, il a précédemment servi au Brésil et en Bolivie et a vécu dans sept pays. Il a obtenu son doctorat au Fuller Theological Seminary avec une spécialisation dans les ministères urbains, mais plus récemment, grâce à des subventions de la fondation Mustard Seed, il a enseigné la théologie du travail et l'éthique des affaires dans plus de 25 pays sur quatre continents. Surnommé par certains de « vagabond pour le Christ », il a enseigné dans pas moins de 60 pays. Marié à une Philippine, il a sept enfants, vivant tant aux États-Unis qu'aux Philippines.

Dr Federico G. Villanueva a obtenu son doctorat en Ancien Testament à l'Université de Bristol, au Royaume-Uni. Il est le responsable régional des publications de Langham Publishing et le coordinateur de l'aide aux universitaires de Langham en Asie. Il enseigne à l'Asia Graduate School of Theology et à la Loyola School of Theology de Manille. Il est l'auteur de plusieurs ouvrages, dont *The "Uncertainty of a Hearing" : A Study of the Sudden Change of Mood in the Lament Psalms* (BRILL, 2008) et *It's OK to be Not OK : Preaching the Lament Psalms* (Langham, 2017).

Dr Chris Wright est l'ambassadeur mondial et le directeur des ministères de Langham Partnership, qui fournit de la littérature académique, des bourses d'études et une formation à la prédication pour les pasteurs et les institutions théologiques du monde émergent. Il a enseigné en Inde pendant cinq ans, et à l'All Nations Christian College, en Angleterre, pendant treize ans. Outre des commentaires sur plusieurs livres de l'Ancien Testament, ses ouvrages comprennent : *Old Testament Ethics for the People of God* ; *The Mission of God* ; *The God I Don't Understand* ; et *The Mission of God's People*. Chris fut le maître d'œuvre de l'Engagement du Cap, à partir du troisième congrès de Lausanne en octobre 2010. Membres de l'église All Souls Church à Londres, Chris et son épouse Liz ont quatre enfants adultes et onze petits-enfants.

Table des matières

Préface vii
Introduction 1

Section 1. Un appel à l'intégration 7
1   Intégrer des vérités 9
    Chris Wright
2   Perspectives du livre des Proverbes sur le clivage entre le religieux et le profane..21
    Shirley S. Ho

Section 2. Un appel à la vertu..41
3   Les enseignements du livre des Proverbes appliqués à la formation théologique 43
    Lily K. Chua
4   Combler le fossé entre le sacré et le profane par la formation du caractère et de la vertu......................................65
    Marvin Oxenham
5   La formation de l'identité pastorale dans le cadre de l'enseignement théologique......................................83
    Marilyn Naidoo

Section 3. Un appel à l'Église 103
6   Guerriers gauchers, théologie du travail et la fondation Mustard Seed 105
    Fletcher L. Tink et Oladotun Reju
7   Le clivage profane-sacré et la mission de Dieu 127
    Mark Greene et Ian Shaw

Section 4. Un appel venant de l'autre bord........................ 143
8   Mais où sont les théologiens ? 145
    Terence Halliday

Post-scriptum : ICETE 2018 et ensuite COVID-19................. 163
Liste des auteurs 171

Conseil International pour l'Enseignement Théologique Évangélique

L'ICETE est une communauté mondiale, parrainée par neuf réseaux régionaux d'écoles théologiques, pour permettre l'interaction et la collaboration internationales entre toutes les personnes engagées dans le renforcement et le développement de l'enseignement théologique évangélique et du leadership chrétien dans le monde.

Le but de l'ICETE est de :
1. Promouvoir l'amélioration de la formation théologique évangélique dans le monde.
2. Servir de forum d'interaction, de partenariat et de collaboration entre les personnes impliquées dans l'enseignement théologique évangélique et le développement du leadership, pour l'assistance, la stimulation et l'enrichissement mutuels.
3. Fournir des services de mise en réseau et de soutien pour les associations régionales d'institutions théologiques évangéliques dans le monde.
4. Aider ces organismes à promouvoir leurs services auprès de l'enseignement théologique évangélique dans leurs régions.

Les associations de parrainage comprennent :

Afrique : Association for Christian Theological Education in Africa (ACTEA)

Amérique Latine : Association for Evangelical Theological Education in Latin America (AETAL)

Amérique du Nord : Association for Biblical Higher Education (ABHE)

Asie : Asia Theological Association (ATA)

Caraïbes : Caribbean Evangelical Theological Association (CETA)

Eurasie : Euro-Asian Accrediting Association (E-AAA)

Europe : European Evangelical Accrediting Association (EEAA)

Moyen-Orient et Afrique du Nord : Middle East Association for Theological Education (MEATE)

Pacifique Sud : South Pacific Association of Evangelical Colleges (SPAEC)

www.icete-edu.org

Langham Literature, et sa branche éditoriale, est un ministère de Langham Partnership.

Langham Partnership est un organisme chrétien international et interdénominationnel qui poursuit la vision reçue de Dieu par son fondateur, John Stott :

> *promouvoir la croissance de l'église vers la maturité en Christ en relevant la qualité de la prédication et de l'enseignement de la Parole de Dieu.*

Notre vision est de voir des églises équipées pour la mission, croissant en maturité en Christ, par le ministère de pasteurs et de responsables qui croient, qui enseignent et qui vivent la Parole de Dieu.

Notre mission est de renforcer le ministère de la Parole de Dieu de trois manières:
- par la mise en place de mouvements nationaux de formation à la prédication biblique
- par la rédaction et la distribution de livres évangéliques
- par la formation d'enseignants théologiques évangéliques qualifiés qui formeront ensuite des pasteurs et responsables d'églises dans leurs pays respectifs

Notre ministère

Langham Preaching collabore avec des responsables nationaux en vue de la création de mouvements de prédication biblique dirigés par les nationaux eux-mêmes. Ces mouvements, qui naissent progressivement un peu partout dans le monde, rassemblent non seulement des pasteurs mais aussi des laïcs. Nos équipes de formateurs venus de beaucoup de pays différents proposent une formation pratique qui comporte plusieurs niveaux, suivie d'une formation de facilitateurs locaux. La continuité est assurée par des groupes de prédicateurs locaux et par des réseaux régionaux et nationaux. Ainsi nous espérons bâtir des mouvements solides et dynamiques, constitués de prédicateurs entièrement consacrés à la prédication biblique.

Langham Literature fournit des livres évangéliques et des ressources électroniques par la publication et la distribution, par des subventions et des réductions à des leaders et futurs leaders, à des étudiants et bibliothèques de séminaires dans le monde majoritaire. Nous encourageons aussi la rédaction de livres évangéliques originaux dans de nombreuses langues nationales par le biais de bourses pour des écrivains, en soutenant des maisons d'éditions évangéliques locales, et en investissant dans quelques projets majeurs comme *le Commentaire Biblique Contemporain* qui est un commentaire de la Bible en un seul volume rédigé par des auteurs africains pour l'Afrique.

Langham Scholars soutient financièrement des doctorants évangéliques du monde majoritaire dans le but de les voir retourner dans leurs pays d'origine pour former des pasteurs et d'autres chrétiens nationaux en leur proposant un enseignement biblique et théologique solide. Cette branche de Langham cherche donc à équiper ceux qui en équiperont d'autres. Langham Scholars travaille aussi en partenariat avec des séminaires dans le monde majoritaire afin de renforcer l'éducation théologique évangélique sur place. De ce fait, un nombre croissant de « Langham Scholars » (le nom « Scholars » signifie « boursiers ») peut aujourd'hui suivre des programmes doctoraux de haut niveau au cœur même du monde majoritaire. Une fois leurs études terminées, ces « Langham Scholars » vont non seulement former à leur tour une nouvelle génération de pasteurs mais exercer une grande influence par leurs écrits et par leur leadership.

Pour plus d'informations, consultez notre site: langham.org

www.ingramcontent.com/pod-product-compliance
Lightning Source LLC
Chambersburg PA
CBHW070937180426
43192CB00039B/2303